CB142440

TINTA DA CHINA
brasil

JOANA GORJÃO HENRIQUES

RACISMO EM PORTUGUÊS

O LADO ESQUECIDO DO COLONIALISMO

Posfácio de Miguel Bandeira Jerónimo

RIO DE JANEIRO:
TINTA-DA-CHINA
MMXVII

Nota: as reportagens e as entrevistas aqui registadas foram publicadas no jornal *Público*, e decorreram entre março e setembro de 2015. As datas, idades e espaços temporais referidos enquadram-se nesse período.

© 2017, Joana Gorjão Henriques

1.ª edição: junho de 2017

Edição: Tinta-da-china Brasil
Revisão: Tinta-da-china Brasil
Capa e projeto gráfico: Tinta-da-china (V. Tavares)

Todos os direitos
desta edição reservados à
Tinta-da-china Brasil

Rua Ataulfo de Paiva, 245, 4.º andar
Leblon, 22440-033 RJ
Tel. (00351) 21 726 90 28
info@tintadachina.pt
www.tintadachina.pt/brasil

H519r Henriques, Joana Gorjão, 1975-
Racismo em português: O lado esquecido do colonialismo / Joana Gorjão Henriques — 1.ed. —
Rio de Janeiro: Tinta-da-china Brasil, 2017.
232 pp.; 21 cm

isbn 978-85-65500-32-6

1. Literatura portuguesa — I. Título

CDD P869
CDU 821.134.3

Fundação Francisco Manuel dos Santos

edição apoiada por
direção-geral do livro e das bibliotecas / ministério da cultura – portugal
instituto camões da cooperação e da língua

Sumário

A todos os que aceitaram ser entrevistados:
obrigada pela coragem e generosidade.
Este livro também é vosso.

Abdulai Sila
Abraão Vicente
Albertino Bragança
Ana Clara Guerra
Ansumane Pedro Nhoga
António Correia e Silva
António Quelhas
António Spencer Embaló
Augusta Henriques
Benigna Zimba
Bernícia Cotela
Calton Cadeado
Carlos Bavo
Carlos Reis
Celisa Quelhas
César Schofield Cardoso
Chapane Mutiua
Charles Akibodé
Corsino Tolentino
Danilo da Silva
Dario de Melo
Dário Pequeno Paraíso
Dautarin da Costa
Deolinda Mendes
Djalma Lourenço
Djamila Gomes
Edlena Barros
Edson Liver
Eduardo Malé
Eduardo Quive
Eliana Nzualo
Elias Isaac
Epifânia Langa
Eufémia Vicente Rocha
Eva Trindade
Evandra Moreira
Fernanda Pontífice
Fernando Lima
Filinto da Costa Alegre
Fodé Mané
Francisco Avelino Carvalho
Francisco José
Francisco Noa
Francisco Rasgado
Gilberto Mendes
Halen Armando Napoco
Ickx Kwizera
Idrissa Djalo
Indira Mateta
Inês Raimundo
Inocência Mata
Isaura Carvalho
Iva Cabral
João Carlos Silva
João Carlos Trindade
Joaquim Chissano
Jorge Andrade
Jorge Coelho
José Patrocínio
Katila Pinto de Andrade
Katya Aragão
Keyla
Killa Z
Kwame de Souza
Leopoldo Amado
Luaty Beirão
Lúcia Cardoso
Lúcia da Silveira
Luis Fernando
Maísa Bom Jesus
Mamadú Baldé
Manuel Jorge Carvalho do Rio
Manuela Lopes Mendes
Márcio Cabral
Margarida Fontes
Mário Cabral
Miguel de Barros
Miguel Francisco
Mora Dubé
Nardi Sousa
Nazaré Ceita
Nelvina Barreto
Ngoi Salucombo
Nuno Quelhas
Patrício Batsikama
Paulina Chiziane
Paulo de Carvalho
Paulo Faria
Raúl Calane da Silva
Redy Wilson
Reginaldo Silva
Sacerdote
Saico Baldé
Saliu Tcham
Samantha Fernandes
Sérgio Dundão
Sizaltina Cutaia
Tasia Quelhas
Tassiana Tomé
Tcherno Culabio Ba
Teodora Inácia Gomes
Teotónio Torres
Teresa Cruz e Silva
Tomás Vieira Mário
Tosh
Ungulani Ba Ka Khosa
Witnei Alda Chamusso
Zelinda Cohen

INTRODUÇÃO

Escrevi este livro por causa da minha revolta com a forma como os portugueses negros são tratados por portugueses brancos.

Esta relação de invisibilidade, de silenciamento sistemático, de discriminação activa da população negra em Portugal tem as suas raízes no processo da colonização e da escravatura, do qual o Brasil também ainda hoje sente os efeitos.

Apesar de o Brasil e as ex-colónias de África terem uma história colonial distinta, há uma ligação intrínseca criada por Portugal. Afinal, chegaram ao Brasil cinco milhões de escravizados traficados de África, cerca de metade de todo o tráfico transatlântico mundial. Por isso, a publicação deste livro no Brasil é, de certa forma, um passo natural.

O colonialismo português foi muito hábil na forma perversa como dividiu para reinar as suas colónias: dentro de cada território ou país ocupado — criando sistemas divisórios, como o código do indigenato, e acicatando guerras étnicas — e entre os diferentes territórios ou países africanos colonizados — gerindo o movimento das populações entre as colónias e criando hierarquias entre elas.

Foi tão hábil, que ainda hoje há quem ponha em causa o racismo do sistema e a pertinência de insistirmos neste debate, que tem tudo a ver com o presente.

O texto que se segue resulta de cinco viagens — a Angola, Cabo Verde, Guiné-Bissau, São Tomé e Príncipe e Moçambique — empreendidas em 2015, o ano em que se assinalaram os 40 anos da independência destes países.

O trabalho foi feito por mim, portuguesa, branca, de classe média. Para perceber o racismo no presente em Portugal, quis questionar as razões históricas pelas quais ainda hoje é um privilégio ter nascido com a cor de pele que ainda é a do poder. A cor de pele que discrimina, que matou e que ainda mata.

Fomos nós, brancos, que criámos o racismo como ideologia no século XIX, defendendo a falsa ideia de que existem diferenças biológicas entre raças e de que há uma hierarquia racial, com os brancos no topo, para justificar a escravatura e o colonialismo. Fomos nós, brancos, que o transformámos em realidade vivida por milhões e milhões de seres humanos ao longo da História. A raça não existe biologicamente, é uma fantasia. Mas existe como construção social, fortíssima.

O racismo é ideologia, mas não é teoria. O racismo também não é ignorância. O racismo é um sistema tentacular que afecta desde a funcionária da repartição de finanças que não quer tratar do assunto de uma pessoa negra até à educadora da escola que comenta o cabelo crespo da sua filha com um risinho.

Ser branco é pertencer a este grupo de seres humanos que discrimina, que matou e que ainda mata. É preciso que nós, brancos, lidemos com isto. E é justamente este desconforto, o desconforto da nossa história de violência, que temos de resolver como brancos. Só tem medo de enfrentar um passado violento quem não quer corrigir o presente.

E o que é que o nosso passado tem a ver com o presente?

Facilmente nos cruzamos com portugueses que se vangloriam dos feitos dos Descobrimentos, que alegremente descartam a violência da escravatura e recusam lembrar-se de que fomos o país que traficou a grande maioria dos 12 milhões de escravizados arrancados de África à força, pela simples razão de serem negros.

Facilmente, também, ouvimos quem diga que não tem culpa do tráfico de escravos perpetrado pelos seus antepassados. É muito provável que uma portuguesa de classe média, branca, como eu, tenha escravocratas entre os seus antepassados. Mas eu, enquanto cidadã de uma sociedade com um passado, sou responsável por contribuir para a correcção das desigualdades, injustiças e discriminações criadas ao longo da História, das quais beneficio.

Não há nenhum português que nada deva à sua História, seja a positiva, seja a negativa. Creio que isso é tecnicamente e realisticamente impossível. A verdade, crua e dura, é que o poder no mundo e em Portugal é e continua a ter a cor branca; o branco continua a ser usado como símbolo de poder e como instrumento desse mesmo poder.

É esta História que explica a forma desabrida como o racismo se incrustou numa sociedade, a nossa, que permite ao professor académico gozar publicamente com o nome africano de uma aluna, ao senhorio recusar alugar uma casa a alguém apenas porque é negro — e dizê-lo com todas as letras — e ao taxista atirar com discurso de ódio ao afrodescendente que recusou transportar. Quantos brancos já passaram por uma situação destas em Portugal, por causa da sua cor de pele? Nenhum.

É isso que explica que ainda se fale de "pretos da Guiné" em manuais escolares, e que atletas internacionais como Nelson Évora sejam barrados à porta das discotecas por serem afrodescendentes. É isso que explica que um português negro tenha de ouvir ao longo da sua vida, vezes sem conta: de onde é que és? Não, mas de onde é que és? Porque a ideia de ser negro e ser português não faz parte do imaginário nacional.

Somos nós, brancos, que fazemos estas perguntas. E que temos estas atitudes racistas. Mas eu não quero ter nada a ver com o taxista, nem com o senhorio, nem com o porteiro, nem com os autores de manuais escolares que falam assim dos negros. Por isso é minha obrigação agir. Tentar, dia a dia, corrigir as tremendas injustiças fruto das atrocidades que foram a escravatura e o colonialismo. Escrever este livro é parte desse esforço.

Sessenta anos depois da independência do Brasil, os países europeus sentavam-se à mesa na famosa Conferência de Berlim, dividindo África segundo os seus interesses e sem qualquer respeito pela história e a cultura de cada país que agora inventavam. Criaram, assim, tensões e guerras étnicas cujas feridas seriam difíceis de sarar.

Repare-se ainda hoje como os africanos e África são retratados pela História, como a sua contribuição é sistematicamente ignorada pelo Ocidente, como tantas pessoas se sentem à vontade para afirmar que, sem a Europa, África estaria pior.

Não, África estaria melhor sem o Ocidente. Angola, Moçambique, Cabo Verde, São Tomé e Príncipe e Guiné-Bissau estariam melhores se Portugal não tivesse arrasado grande parte da sua cultura. Fomos nós que obrigámos crianças e adultos ao trabalho forçado, impedindo-os de liderarem uma vida que imaginavam para si próprios. A pergunta que se impõe é: como seria Portugal sem o saque e a exploração de África, ontem e hoje?

E, no entanto, continuamos a alimentar a arrogância e a fantasia de achar que somos um país diferente, que racistas são os outros.

Em Portugal, desde que se iniciou o horror do comércio de escravos no século XV, existe uma percentagem significativa de população negra, que aumentou com a vaga de imigração africana na década de 1960 e no pós-25 de Abril. O facto de, ainda hoje, não existir qualquer correspondência entre o número de negros que vemos na rua e o número de negros em lugares de liderança na sociedade é, no mínimo, surpreendente.

A ausência de representatividade de uma fatia expressiva da sociedade portuguesa — fatia essa usada por algumas entidades oficiais como bandeira de cosmopolitismo — espelha um sistema que discrimina pela cor da pele. Porém, em Portugal reflecte-se pouco sobre o papel dos portugueses enquanto colonizadores e, especificamente, sobre a sua responsabilidade no desequilíbrio das relações raciais entre brancos e negros, bem como sobre a sua responsabilidade na criação e na persistência do racismo.

Há uma razão racial para que o problema do racismo permaneça fora do debate e das agendas políticas. O nosso parlamento tem um único deputado afrodescendente, mas nunca os partidos fizeram uma reflexão pública sobre essa excepção. Os dirigentes partidários negros são afastados dos cartazes durante as eleições. E por que é que a nomeação, em 2015, da ministra da Justiça negra — Francisca van Dunem — foi notícia? Pelo seu carácter inédito e de absoluta excepção.

Há motivos raciais para que as pessoas oriundas dos Países Africanos de Língua Oficial Portuguesa (PALOP) exerçam três vezes mais profissões pouco qualificadas e recebam menos. O estereótipo do negro apenas habilitado para profissões de baixa qualificação, incapaz de exercer determinados cargos e de assumir posições de liderança, condiciona quem coloca os seus currículos de lado, antes mesmo de os avaliar.

Há motivos raciais para que as taxas de encarceramento de pessoas com nacionalidade dos PALOP sejam 15 vezes superiores às dos portugueses: a discriminação que associa o negro ao criminoso condiciona quem prende, quem acusa e quem julga.

Estas reflexões vêm de dentro das próprias comunidades afrodescendentes, nos imensos encontros e discussões que têm vindo a organizar, mas não passam para o grande público. Porquê? Porque o racismo não é visto como um problema em Portugal. E porque as técnicas de silenciamento e ocultação da palavra dos negros ainda hoje são prática corrente.

Vivemos numa continuidade do colonialismo. Esta mentalidade ramificou-se e incrustou-se em várias camadas no país. Uma das missões do meu livro foi criar alguma dose de consciência de que nós, brancos, criámos este sistema que continua deliberadamente a invisibilizar o racismo e a perpetuar as práticas discriminatórias. Foi tentar mostrar que somos o problema para o qual não conseguimos nem queremos arranjar solução. E foi tentar mostrar que o passado que aqui é retratado se reactualiza nos nossos dias.

Fi-lo como jornalista do *Público*, num projecto a que se associou a Fundação Francisco Manuel dos Santos e depois a Tinta-da-china.

Parti em viagem com a missão de perguntar até que ponto persistem, ainda hoje, as ideias de raça que Portugal disseminou nos países outrora colonizados, como é que as populações encaram o papel de Portugal enquanto colonizador, e se ainda prevalece a versão dos portugueses como bons colonizadores, que se misturaram com as populações locais. Como era aplicada a segregação baseada na raça, e que tipo de violência exerceu o sistema colonial português?, O colonialismo português foi um regime racista?, são questões que coloquei a mais de cem entrevistados, a maioria aqui citados.

Em cada país que visitei, o objectivo era reunir vozes que representassem as diferenças existentes: de classe social, de género, de situação profissional, de origem geográfica, de experiência pessoal, de interpretação.

Quis registar o discurso de quem olha para a sociedade e para a História com uma visão global, e obter o testemunho de quem sofreu na pele a dureza do regime. Interessou-me ouvir o passado e saber que marcas dele persistem ainda hoje.

Nos cinco países, surgiram temas recorrentes, bem como testemunhos de experiências de racismo muito parecidas — em alguns casos mantive essa repetição, para sublinhar aspectos globais, noutros decidi não os incluir, para evitar a sensação de duplicação.

Procurei mostrar que o colonialismo foi diferente em cada país, não só porque o sistema, também ele diferente consoante as épocas, adoptou políticas diferentes, mas também porque cada um desses países tem, naturalmente, as suas especificidades. Não incluí os episódios das lutas de libertação, por achar que a guerra é um outro capítulo, já bem explorado no espaço público português.

Entretanto, surgiu a ideia de fazer uma Rota da Escravatura, tema indissociavelmente ligado ao colonialismo. Afinal de contas, Portugal foi o primeiro país a transportar pessoas escravizadas de África para as Américas, e deu início ao tráfico de seres humanos no século XV, prática que só seria abolida quatro séculos depois.

É difícil estabelecer com rigor o número de homens e de mulheres que foram escravizados ao longo deste período, mas os dados mais citados indicam que, entre 1501 e 1866, cerca de 12 milhões de pessoas foram forçadas a embarcar de África para as Américas, dois milhões das quais não chegaram ao destino.

Condenado no Congresso de Viena em 1815, o comércio de escravos foi abolido em 1836, mas o tráfico continuou a ser praticado clandestinamente. Inglaterra decretou a abolição da escravatura em 1833, por meio de uma lei que atribuía compensações financeiras aos escravocratas. Na década de 1850, o marquês de Sá da Bandeira decretou a abolição da escravatura em Portugal e estabeleceu um prazo de 20 anos para os libertados se tornarem efectivamente livres — mas, na prática, a escravatura só terminou oficialmente em 1878.

Usando as populações dos países ocupados, Portugal tornou-se um dos principais actores deste comércio. Os homens e as mulheres eram levados para trabalhar nas plantações de algodão, de açúcar e de café nas Américas, transformando-se na principal fonte de mão-de-obra destas novas economias.

Com maior ou menor destaque, Angola, Guiné-Bissau, Cabo Verde, São Tomé e Príncipe e Moçambique tornaram-se uma fonte de produção de homens transformados em objectos e em mercadoria humana. Só Angola, aliada ao Congo, representou quase 40 por cento do mercado de escravos a nível mundial.

Acompanhada por um historiador especialista em cada país, fiz visitas guiadas a lugares históricos, em busca de uma possível Rota da Escravatura, salvo óbvias limitações geográficas. Para complementar cada uma das reportagens do *Racismo em Português*, publica-se neste livro a Rota da Escravatura do país correspondente. Funciona como uma espécie de breve banda histórica, acrescentando contexto para quem quiser saber mais.

Como é possível que, até hoje, nunca tenha existido um Museu da Escravatura em Portugal? Porque não nos é ensinado na escola que existiu um *apartheid* em Angola e em Moçambique, alimentado por Portugal? Porque insistimos num olhar benevolente sobre um Portugal que não hesitou em promover o trabalho escravo até 1974? Vamos perpetuar a narrativa de um colonizador que não discriminava porque se miscigenou com as populações locais, quando sabemos que essa mistura foi feita à custa do estupro, que Portugal obrigava essas pessoas a despirem-se da sua identidade africana, a mudarem de nome, a alisarem o cabelo ou a esconderem a sua língua? Até quando iremos contribuir para uma mentalidade acrítica sobre um dos fenómenos mais violentos da nossa História? Finalmente: o que é que esta perspectiva da brandura de olhar diz sobre nós próprios, portugueses?

Se quiser, o leitor encontrará nas reportagens deste livro uma série de paralelismos com o que se passa hoje em Portugal e em alguns casos também no Brasil e que toma a forma de racismo institucional e estrutural. E essa é uma das minhas conclusões mais duras deste trabalho. Não acredito no jornalista sem coração, objectivo, frio. Seria impossível depois deste trabalho não me transformar. Saí mais activista, anti-racista, e com mais sentido da urgência de lutar por um mundo mais justo. Discriminar alguém pela cor da pele é das maiores atrocidades que nós, seres humanos, podemos cometer. Exige uma vigilância diária, mesmo por parte dos mais avisados, sobre as armadilhas próprias em que se pode cair.

Como poderá ler, no tempo colonial, todos os cidadãos das províncias ultramarinas eram cidadãos portugueses — mas os negros ou faziam trabalhos forçados ou eram portugueses de segunda, e mesmo isso apenas na condição de superarem o teste de assimilação, que implicava, por exemplo, alisar o cabelo ou falar bem português. Hoje, há uma imensa geração de portugueses negros que nasceu em Portugal, mas que continua a ter o cartão de imigrante, que é tratado como cidadão de segunda, sem plenos direitos de cidadania, porque a lei da nacionalidade mudou em

1981 para deixar de reconhecer quem nasce no país como sendo automaticamente português.

No tempo colonial, as cidades eram segregadas: no centro viviam os brancos, nas favelas, os negros. Hoje, se alguém entrar num autocarro que vai da periferia para o centro de Lisboa às quatro da madrugada, só verá mulheres negras. Vão limpar os escritórios das pessoas com quem não se cruzam. Estas mesmas mulheres são despejadas dos bairros de barracas pelos poderes públicos, que não lhes arranjam alternativa. Ou acabam em bairros sociais que são autênticos guetos, a quilómetros de distância do centro do poder e onde é preciso o triplo do dinheiro e do tempo para lá chegar.

No tempo colonial, as crianças africanas não aprendiam nada sobre a História do seu país, mas tudo sobre Portugal. Hoje, o que nos é ensinado na escola em Portugal sobre os países colonizados continua a ser a narrativa do colonizador benevolente que trouxe mundos ao mundo, não o que deixou mães solteiras em África sem perfilhar os filhos.

No tempo colonial, os senhores chicoteavam os negros que trabalhavam de sol a sol. Hoje, a polícia entra nos bairros desfavorecidos à queima-roupa, insulta e brutaliza afrodescendentes como se fossem animais, ou pára um negro que está a celebrar pacificamente um aniversário no centro de Lisboa para o pontapear como se fosse um criminoso.

No tempo colonial, havia criados que não recebiam qualquer pagamento. Hoje, há quem tenha o desplante de fazer exactamente a mesma coisa, escravizando, literalmente, os trabalhadores negros.

Conhecimento é poder. Quantas pessoas negras passam na verdade pelas situações que eu descrevi? Não sabemos. Porque não sabemos quantos portugueses negros existem em Portugal.

As diversas insistências da ONU e de associações de afrodescendentes no terreno para que o estado português recolha dados desagregados por raça não tiveram qualquer resposta. Receberam apenas silêncio ao longo de mais de dez anos.

As instituições estatais que o poderiam fazer vedam o acesso a essa informação, que permitiria conhecer a verdadeira dimensão das desigualdades raciais em Portugal e o estado afirmar, de uma vez por todas, que há portugueses negros.

Mas essas instituições preferem invisibilizar o problema. Ao fazê-lo, não se apercebem de que mais não fazem do que reproduzir o esquema colonial, impedindo o acesso ao autoconhecimento, à criação de uma categoria político-racial e, com isso, às possibilidades reivindicativas.

Convido-vos a observarem o mais recente mapa-mundo publicado pelo Mercator. Nele se corrigem séculos de erros de representação dos continentes. África aparece, logicamente, muito maior do que até agora. Pergunto-me o que mais anda o mundo ocidental branco a esconder. Como é possível dizer que este ambiente de ocultação, de silenciamentos e de invisibilidades não é racista?

I

ANGOLA

INDEPENDÊNCIA SEM DESCOLONIZAÇÃO DAS MENTES

A Igreja da Sagrada Família, em Luanda, é um dos monumentos mais conhecidos da cidade. Projectada pelos arquitectos Sabino Correia e Sousa Mendes, foi inaugurada em 1964 num bairro movimentado, Maculusso.

Na estrada e no passeio cruza-se uma pequena amostra da população da Angola de hoje: um jovem com roupa desportiva, um militar, uma candongueira, um engravatado. Centenas de pessoas passam por ali, a pé ou de carro, e é provável que muitas já nem notem um mural vermelho onde se conta, através de palavras e desenhos, "a história do MPLA pela juventude". Expressões como "escravidão camponesa" alinham-se a amarelo, seguidas de "Para os angolanos sempre o pior trabalho", "exploração" e "colonialismo". Um homem negro com uma venda nos olhos e outra na boca foi desenhado a preto e branco, assim como uns contentores com Lisboa e Portugal escritos a preto. A sequência de imagens e de palavras não é necessariamente esta, mas a mensagem que nasce da associação entre elas é óbvia — a exploração da terra e do povo pelos colonos portugueses.

Passados 40 anos desde a independência, o legado colonial em Angola não se sente apenas na arquitectura da cidade. O discurso que se lê nos murais está também presente nas palavras dos angolanos na rua. Das fracturas que o colonialismo deixou, nas relações raciais, há marcas que o tempo não apagou nem apagará tão cedo — marcas mais evidentes para uns do que para outros, mais associadas ao colonialismo por uns do que por outros.

Num país onde mais de 60% da população tem menos de 24 anos, a maioria não viveu o período em que havia um *apartheid* em Angola, mesmo que não oficial: o sociólogo Paulo de Carvalho, 55 anos, professor na Universidade Agostinho Neto, lembra-se de uma Angola colonial em que havia separação das raças — não só social mas também espacial. Nas cidades estava o casco urbano, onde viviam os brancos, e nos anéis circundantes os musseques, onde viviam os negros.

Nascido em Luanda, Paulo de Carvalho foi com dois meses para o Lobito, na província de Benguela, cidade onde existiam autocarros para brancos e autocarros para negros. Alguns negros tinham acesso aos autocarros para brancos, mas muito poucos — eram os chamados "assimilados", grupo a que Paulo de Carvalho pertencia.

Os assimilados eram os que conseguiam ultrapassar o estatuto de indígenas, e indígenas eram, segundo a lei, "todos os indivíduos de raça negra ou dela descendentes que, pela sua ilustração e costumes, não se distinguissem do comum daquela raça". Para atingirem o estatuto de assimilados tinham de saber falar português correctamente, de ter adquirido hábitos como comer com talheres e à mesa, ter bom comportamento e — muito importante — receber um salário.

Ser assimilado era "ter uma maior identificação com o colonizador, com a nação portuguesa". Paulo de Carvalho lembra uma história: tinha uns sete ou oito anos quando houve uma campanha de vacinação em que era preciso preencher o item "raça". Alguém lhe disse para colocar um "B" de branco. O pai, quando viu o seu cartão de vacinas, perguntou: "Quem te disse que tu és branco? Tu não és branco. Se alguma vez te disserem para escreveres que és branco, tu dizes que não. Se insistirem, tu dizes que 'o meu pai disse que eu não sou branco'." A leitura que faz hoje do episódio é clara: "Como eu era assimilado, já era branco [para quem lhe indicou para o fazer]..."

No dia-a-dia passavam-se várias coisas que não percebia. Por exemplo, via os mais velhos afastarem-se do passeio para deixarem passar os brancos mais novos, quando o hábito era, em geral, os mais novos darem lugar aos mais velhos. Nas farmácias, era comum ver negros ou mestiços à porta, a espreitarem para ver se estavam lá brancos — se estivessem, esperavam "e vergavam-se para poderem ser atendidos". Havia bares interditos a quem não era assimilado — os outros podiam entrar para comprar alguma coisa, mas não para se sentar. "A discriminação e o percebermos que éramos inferiores acontecia todos os dias." Esta situação manteve-se até pelo menos 1970, refere.

Era o reflexo de um racismo institucionalizado, permitido pela legislação, com a discriminação dos grupos raciais, e em que os brancos estavam no topo da pirâmide hierárquica.

José Patrocínio, fundador da ONG Omunga, filho de portugueses brancos, também se lembra dos autocarros separados. "A justificativa era que um autocarro era mais caro do que o outro." Ele que vive no Bairro da Luz, no Lobito, há 40 e tal anos, pertencia a uma classe média que tinha acesso a vários serviços.

Na casa onde vive há décadas, e que funciona como sede da Omunga, há várias obras de arte africanas na parede. A sala é ampla, dá para um pequeno alpendre à frente do qual está um tronco de árvore caído, resultado das cheias que assolaram a região de Benguela em Março de 2015. O centro do Lobito ainda conserva muito da arquitectura colonial do século XX, e há zonas como a Restinga que ainda evidenciam o poder económico da época. Hoje as cidades são circundadas por enormes musseques onde a maioria da população tem falta de água, de luz, de saneamento básico.

José Patrocínio tem barba e cabelos brancos, usa rastas e anda descalço.

> Estudei na escola pública. Na primária devo ter tido um ou dois colegas negros. A partir da independência, começa a haver uma grande mudança no sentido de pensar a escola. Mas começa a haver também problemas: a maior parte dos professores eram portugueses e foram-se embora. Foi-se tentando tapar o buraco, tinha aulas com professores que eram alunos do 7.º ano.

Muitas vezes nem se apercebia da questão racial, porque a verdade é que no quotidiano eram poucas as relações com pessoas de outras raças.

> Sei que havia muito racismo. Lembro de o meu pai falar que foi ele que conseguiu que um clube lusitano aceitasse pela primeira vez jogadores negros; era argumentado quc as questões não eram baseadas na raça mas eram económicas. A única relação que tinha com negros diariamente era com as pessoas que trabalhavam na nossa casa e que comiam connosco à mesa. Mas com os vizinhos já não era assim: [os empregados negros] comiam no quintal e se calhar a comida deles era diferente.

À FLOR DA PELE

A noite cai cedo em Luanda, a 25 de Março. Pelas 18 horas já está escuríssimo. No auditório da Mediateca, o ex-futebolista francês Lilian Thuram (nascido em Guadalupe) tem à sua frente uma plateia cheia e curiosa. Presidente da Fundação Lilian Thuram — Educação contra o Racismo, veio a Angola falar do seu livro *As Minhas Estrelas Negras*.

Homem alto, imponente, Lilian Thuram vai dizendo pausadamente que no consciente colectivo a história dos povos negros começa na escravatura, por isso "é compreensível que haja preconceitos baseados na cor da pele".

> As pessoas pensam que os negros são inferiores. Por isso é preciso contar outras histórias, e essas histórias são reais e existem. Por isso apresento nas minhas histórias pessoas negras que existiam antes do início da escravatura nas Antilhas.

Define:

> O racismo é um sistema económico como a colonização o é, mas quando se quer explorar alguém tem de se construir a inferioridade de alguém, como os homens construíram a inferioridade das mulheres.

Há jovens e velhos a assistir, negros e mestiços, brancos, angolanos, estrangeiros, gente que pertence às classes média e média alta. Quando o microfone passa para a plateia, muitos querem fazer perguntas. O racismo é um tema que está no quotidiano em Luanda. Não é um mero assunto incómodo varrido para debaixo do tapete. Surge nas discussões mais corriqueiras em filas de espera; ou no final de uma discussão sobre a relação qualidade/preço de um prato de comida que acaba de chegar à mesa. Num país em que a liberdade de expressão leva pessoas à cadeia, o racismo é, surpreendentemente, um tema à flor da pele.

A capital, pensada para cerca de 250 mil pessoas, mas onde vivem aproximadamente cinco milhões, é palco de muitas tensões.

"Como é ser negro em Angola? É como ser branco na Europa", diz Sacerdote, *rapper*, produtor e promotor cultural. Racismo existe em todo o lado, Angola não é excepção, e ele próprio já foi vítima dele. "É como a corrupção, nunca vai acabar — vamos lutar bué, mas enquanto formos homens..."

No Sambizanga, onde vive, "não há muitos mulatos nem brancos". É um dos maiores musseques de Luanda, um bairro de lata onde muita gente tem medo de entrar. No centro, a enorme estrada que o atravessa foi transformada em rio devido às cheias. Os vendedores assam comida em frente a contentores do lixo, galinhas passeiam entre os escombros, há lixo de todo o tipo nos telhados.

Os musseques foram pensados como zonas separadas para os negros durante o período colonial — os brancos ficavam no centro da cidade. "Proporcionar as comodidades da vida na Europa à comunidade não era tarefa simples numa colónia falida e parcialmente povoada por condenados. O abastecimento de água foi, durante séculos, um problema tremendo", lê-se em *História de Angola*, de Douglas Wheeler e René Pélissier.

O facto de a população dos musseques ainda hoje ser maioritariamente negra é visto como consequência da separação racial do tempo colonial.

As relações raciais definem-se por quem controla quem, quem exclui quem, e quem se vê excluído, comenta Elias Isaac, 55 anos, director da Open Society Initiative of Southern Africa (OSISA) em Luanda. "Hoje, em Angola, a questão das relações raciais aparece de forma subtil", continua, na sede da ONG, que fica num dos prédios novos de Talatona — um bairro com muitas empresas, uma zona residencial da classe média alta, e onde o trânsito às horas de ponta é compacto.

"No quotidiano, os angolanos negros (a grande maioria), os mestiços (cerca de 2%) e os brancos (1%) convivem, estão nos mesmos restaurantes, estão nas mesmas discotecas", defende. Porém, se aprofundarmos a questão:

> Nos subúrbios mais pobres, só existe um tipo de gente, os angolanos de raça negra. Nos condomínios, nos bons subúrbios, há angolanos de raça negra da elite, com angolanos de raça mista, de raça branca ou povos de outras nações. Por isso digo que [o racismo] não aparece de forma tão expressiva na sociedade, mas subtilmente.

Nasceu na Canata, um bairro "excluído de quase tudo" no Lobito. Lembra-se de o pai ter sido preso pela PIDE e de lá ter ficado durante uns três anos. "Passámos muita carência nesse período, só porque o meu pai tinha convicções diferentes do sistema e foi excluído. É uma referência que tenho na vida. Muitas vezes, quando estou numa situação de relação com um português, isso talvez volte a tocar a minha alma, a minha vida", confessa.

Para o presidente desta ONG que trabalha a favor dos direitos humanos e sociais, em 1975 não houve uma transição mas uma ruptura. Os angolanos brancos e os portugueses brancos "desapareceram" durante um largo período de tempo — regressaram mais tarde, já não com domínio político, mas com domínio económico e social. O problema é que desde 1975 não houve um programa de transformação social, sublinha, e muitos dos elementos do colonialismo português ainda estão vivos — por exemplo, a questão da exclusão social reflectida no facto de os pobres viverem em musseques, que se mantém.

> Aceitou-se isso como uma norma, em que uns tinham de viver assim para outros viverem de outra forma. Isto tem reflexo nas próprias relações raciais. Transformação social não é um país criar uma elite, uma pequena burguesia, uma minoria e ter isso como exemplo. Não: é ter a maioria como exemplo. O que Angola está a tentar fazer é a transformação social com uma minoria que vive nos condomínios, tem acesso ao crédito bancário, a bons empregos, enquanto a grande maioria que já no passado viveu excluída continua excluída nos musseques.

Aparentemente, esta é uma questão mais de classe do que de raça. Mas o problema coloca-se quando um engenheiro estrangeiro branco chega a Angola e há diferença de tratamento, sublinha Elias Isaac.

> Vai encontrar um médico angolano e um expatriado a fazerem o mesmo trabalho mas a ganharem salários diferentes e a viverem em condições sociais completamente diferentes. O poder político incentiva esta diferenciação. O governo aceita praticar essa diferença. E isto é uma questão racial porque não acontece a mesma coisa com alguém da Zâmbia ou do Zimbabwe que vem trabalhar aqui.

Em parte este fenómeno explica-se com a síndrome que permanece no inconsciente colectivo de povos que foram colonizados — o sentimento de dominado passa de geração em geração. É isso que o leva a dizer: "Até certo ponto, houve independência mas não descolonização das mentes."

Por outro lado, ainda vê alguns portugueses a terem uma atitude neocolonial. Um padrão comum é um português ou brasileiro branco que chefiam uma equipa de negros. Dá o exemplo de uma empresa de auditoria com quem trabalha há muito tempo: todos os anos, a funcionária angolana chega com um chefe português.

"A angolana nunca será chefe", acredita. "Há instituições que têm esta cultura. Não é de forma expressiva que as pessoas tratam os outros de forma racista, mas institucionalmente aceitam um valor cultural que está a ser aplicado." Por isso afirma: "Existe racismo institucionalizado em Angola."

Num percurso pelos cafés e restaurantes de Luanda é fácil notar que o menu é composto sobretudo por pratos portugueses. Cervejas, refrigerantes e vinhos também são portugueses. As televisões estão muitas vezes sintonizadas em canais portugueses. Muitos torcem pelo Sporting ou Benfica e consomem produtos portugueses, como as cervejas ou os sumos. Nas ruas de Luanda sente-se, de forma maciça, a presença da nova vaga de emigrantes portugueses. Há uma marca portuguesa que continua activa 40 anos depois da independência. No entanto, a presença de portugueses nem sempre é pacífica, sobretudo nos casos em que há relações de poder em jogo.

Hoje em dia, em Angola, não existe confronto racial entre um angolano negro e um português branco, acredita Elias Isaac, mas, por vezes, há uma tensão. Daí tantos angolanos darem este exemplo dos postos de trabalho.

"Não podemos fugir à história e pensar que um dia pegamos numa borracha e apagamos tudo", diz Elias Isaac.

> Angola precisa muito de Portugal, não só em termos económicos e financeiros, mas em termos de espaço de afirmação. Ainda existem em Portugal certos segmentos que pensam que Angola é uma colónia e isto reflecte-se na própria convivência entre as pessoas. Angola é um país soberano, tem de decidir o seu rumo; as relações são entre dois países soberanos, mas existe uma geração que não acredita que o processo da descolonização aconteceu em 1975.

> Então, tanto lá como aqui vão existindo práticas muito subtis que vão incentivando esse conceito.

Ao mesmo tempo, o fotógrafo Ngoi Salucombo, 33 anos, lamenta haver "muita coisa que é responsabilidade dos angolanos". A questão do emprego tem muito que ver com a falta de investimento nos quadros nacionais: é preciso investir na base, e de forma acertada, para deixar de ser necessário recorrer a tantos expatriados. Isto é uma questão política.

> O angolano, à partida, sente-se numa posição em que está a sofrer de racismo, e estou a falar do angolano privilegiado que esteve fora, se formou, muitos em universidades que estão acima do *ranking* da universidade onde o português estudou. Só que o expatriado vai para zona de risco (e tem de ter determinadas condições); o angolano não tem como não se sentir discriminado.

Por isso, Katila Pinto de Andrade, responsável pelo programa de democracia e governação da OSISA, defende a angolanização, ou seja, a implementação de quotas para angolanos nas empresas/instituições, algo por vezes interpretado como discriminação. Acredita que é importante promover o conhecimento, transmiti-lo aos angolanos para não se manter o sistema em que as chefias são ocupadas por estrangeiros e os angolanos ficam com postos subalternos. "Se queremos que os angolanos sejam mais competitivos, temos de estar dispostos a ajudá-los a crescer."

O jovem cientista político Sérgio Dundão lembra que há um desconhecimento grande sobre Angola da parte de alguns portugueses que emigram — e isso gera equívocos. Não tem dúvidas de que "a relação entre Angola e Portugal nunca poderá ser perfeita", porque há uma questão de violência entre colonizador e colonizado.

Enquanto professor, conta que nas suas aulas ouve queixas de diferença de tratamento nos restaurantes, de existirem zonas onde só circulam portugueses, e de ser raro ver-se portugueses em táxis colectivos, como se houvesse medo da sociedade angolana. "Existe violência em Luanda, mas isso afecta primeiro os negros." Resumindo, a percepção é a de que os portugueses não se misturam com o resto da população.

A POBREZA TEM COR NEGRA

Encontramo-nos com Katila Pinto de Andrade, 40 anos, em Luanda, no dia do julgamento do jornalista e activista de direitos humanos Rafael Marques, em Março de 2015. Katila sugere-nos para encontro um dos restaurantes da ilha de Luanda. Os restaurantes e bares desta zona da cidade, conhecidos por serem caros, são maioritariamente frequentados por brancos, repetem-nos muitas vezes.

É hora de almoço e não há muitos clientes, mas a decoração não é muito diferente da de qualquer bar de praia mais *cool* na zona de Lisboa. A diferença é que é preciso ganhar um bom salário para frequentar estes espaços, dirigidos sobretudo à elite e à comunidade internacional que vive em Luanda.

Katila completa algumas das ideias de Elias Isaac sobre a questão da pobreza. "A nossa sociedade é multirracial" e existe "em alguns estratos uma convivência harmoniosa e pacífica". Mas "nota-se que a maioria da população negra é a população pobre, carenciada, é a população que se encontra numa situação de vulnerabilidade".

> Em Angola a pobreza tem cor, a pobreza tem rosto e temos de começar a olhar para isso e tentar arranjar mecanismos para integrar na sociedade aqueles que são excluídos, porque corremos o risco de criar problemas raciais que não se justificam. A pobreza em Angola é maioritariamente negra.

Embora não considere que exista racismo em Angola, fala da desigualdade de oportunidades que é preciso corrigir. Conta a história de uma funcionária de um banco que lhe disse que os trabalhadores eram maioritariamente mestiços e que ela tinha instruções para, no processo de recrutamento, "dar prioridade ao pessoal de raça negra porque fica mal ter uma maioria de mestiços". Comenta: "Há pessoas que provavelmente vão sentir-se repugnadas e dizer que isso é um critério rácico. Mas é preciso criar equilíbrios. Penso que é algo que deve ser discutido, avaliado, para se evitar essas distorções."

Outro exemplo referido por muitos dos entrevistados é a representação na publicidade: os rostos escolhidos são tendencialmente mais claros do que os da maioria da população. Também dizem que o atendimento nos balcões das lojas e dos bancos é feito por empregados com a tez mais clara.

Lúcia da Silveira, de 40 anos, presidente da Associação Justiça, Paz e Democracia, descreve que, em Angola, se um negro e um branco chegarem ao mesmo tempo a um restaurante, é muito possível que a pessoa que está a atender vá primeiro ter com o branco. "Mas isso é uma construção. E é muito difícil tirar isso da cabeça das pessoas. O privilégio branco é visível em qualquer parte do mundo e aqui também."

Expressa-se, por exemplo, na imagem da beleza. Lúcia da Silveira usa o cabelo natural e uma vez, num encontro com um ministro, a secretária dele "teve a coragem" de lhe dizer: "'Porque não arranja esse seu cabelo, você é mulata...?' Eu respondi: 'Vou fingir que não ouvi o que a senhora disse porque está a depreciar aquilo que é meu.' Esse também é outro problema: ser discriminada por usar o cabelo natural."

"A tendência para se seguirem os padrões de beleza ocidentais em Angola é bastante visível em todo o lado", explica Márcio Cabral, 30 anos, redactor da revista *Caras Angola*. "Nas festas, o mais comum é o uso das extensões e das aplicações, os alisamentos." Nas paredes da redacção da revista, estão espalhadas fotos das capas da *Caras* com as figuras da elite angolana. Não se nota um padrão de quem ocupa a capa em termos de cor de pele.

O jornalista acrescenta que, por outro lado, há "cada vez mais mulheres a assumir a sua essência africana" e isso é uma tendência que se tem vindo a desenhar de forma subtil. "Tem mudado bastante. A ascensão de Leila Lopes a Miss Universo 2011 foi um grande acontecimento."

Há uns anos, Sizaltina Cutaia, gestora de projectos sociais, aderiu ao grupo Angolanas Naturais, criado no Facebook para valorizar o cabelo natural. Ainda hoje, mesmo em países africanos como Angola, o conceito de "belo é influenciado por uma visão eurocêntrica", explica Sizaltina, que aparece com um turbante africano.

O trânsito em Luanda é caótico e nem sempre é fácil encontrar as ruas, mesmo usando GPS. Sizaltina Cutaia vem ter connosco à residencial pela qual pagamos cerca de 150 dólares por noite, um lugar onde em Portugal não pagaríamos mais de 15 euros. O custo de vida em Angola é muito alto, mesmo em lugares onde a electricidade e a água faltam frequentemente. A dois passos da residencial havia um prédio sem luz há meses.

Conta que, quando deixou de alisar o cabelo, ia a uma festa e as pessoas perguntavam:

> "Vais assim mesmo, o que se passa, entraste para alguma igreja?" A pressão social sobre isso é muito grande e reflecte um problema que tem que ver com a questão da raça. Não sei se em Angola se pode falar de racismo como tal, mas existe "colorismo", que é o sistema onde se considera a tonalidade da pele para definir o tratamento que a sociedade dá a uma pessoa. Temos expressões como "bom ventre", quando uma mulher dá à luz e as pessoas vão ver o bebé — o bom ventre é aquele que produz crianças que nascem com a pele mais clara. "Vida mulata", por exemplo, entende-se como vida boa, das pessoas que nascem para viver bem — então usa-se essa expressão. Outra expressão é "adiantar a raça" — uma pessoa que se casa com outra de tez mais clara. São expressões que se usam que indicam privilégio de determinado grupo de pessoas em função da tonalidade.

"Em Luanda será preciso andar muito para encontrar duas pessoas a falar em umbundo ou quimbundo, ou outra das seis línguas nacionais, porque durante muito tempo se desincentivou esse hábito", nota. "A televisão nacional começou a transmitir uma parte das notícias em línguas nacionais e há músicos que cantam em umbundo e quimbundo, por exemplo. Mas continua-se, mesmo depois da independência, a ridicularizar aspectos importantes da cultura angolana, como a forma de vestir, de comer ou a utilização de roupas com tecidos africanos", exemplifica. Faltam políticas para a promoção da "identidade angolana, africana, que não deixa de ser negra", defende.

A grande questão é a necessidade de romper com a mentalidade colonial "ainda muito presente" na forma de estar, por exemplo.

> No outro dia perguntaram-me se eu tinha estudado em Portugal, e de que parte de Luanda era. "Sou do Huambo", disse. "Ah... falas

> tão bem português!" O falar bem português, com sotaque aportuguesado, saber usar os talheres, manter uma conversa sobre coisas relacionadas com Portugal ainda tem importância.

Publicitário, *copywriter* e fotógrafo, Ngoi Salucombo defende que existe racismo em Angola, sim, e que ele se manifesta de diversas formas. Por um lado, é verdade que "nunca vi nenhum branco ou mulato a varrer a rua e isso pode ser um motivo pelo qual o negro se sinta discriminado e sofra racismo". Há um discurso que entrou no colectivo nacional de que "os portugueses eram os maus".

> Saímos da colonização para o partido único e durante muito tempo esse discurso foi forte. Além de que já vemos a colónia portuguesa como negativa, em comparação com as colónias francesas e inglesas em África, e em que nos sentimos inferiores [por exemplo, no atraso da formação académica]. A minha geração comenta muitas vezes: "Esses tugas...!"

A Ngoi Salucombo, que viveu oito anos em Portugal, acontece muitas vezes ouvir "aquela expressão" de amigos portugueses:

> "Ah, mas tu és diferente" [dos angolanos]. Isso para mim é racismo, já. Não cai bem estar a falar com um português das coisas negativas de Angola, e ele dizer: "Mas tu és diferente", como quem diz, "tu és dos nossos, és como nós". Por mais que a pessoa não queira magoar, vem do fundo. É uma forma de racismo porque essa pessoa está a dizer: "Tu és como eu, somos os melhores, o resto é uma cambada".

Um caso manifesto de racismo é o episódio contado pela fotógrafa Indira Mateta, 30 anos. Estava empregada numa empresa localizada num edifício de seis andares em Luanda, e no andar onde trabalhava tinham quase todos o tom de pele dela, mais escuro — nos outros andares os trabalhadores "tinham pele mais clara". "Chamavam 'o canal da mancha' à nossa secção, porque era a zona mais escura. Então é uma coisa explícita: as pessoas falam a rir como se fosse engraçado. A partir do momento em que as pessoas acham que ser mais escuro é ser manchado, não há muito a dizer."

Há quem, como Luís Fernando, administrador no grupo MediaNova, já tenha sofrido atitudes racistas directamente, à porta de um restaurante/bar, o Chill Out, onde o porteiro o barrou, deixando entrar o amigo branco. "Obviamente nunca mais lá pus os pés", conta no seu escritório. Mas desvaloriza o episódio: acha que não há racismo em Angola. Pode haver algum elemento racista, em que o angolano se sinta superior, ou podem existir alguns portugueses que são "extremamente racistas". Mas "não se deve tomar a árvore pela floresta". Teme, no entanto, que surja uma tensão racial do ponto de vista económico, "no sentido de algumas pessoas se sentirem excluídas dos lugares que se elitizaram".

QUANTO MAIS CLARO, MAIOR O GRAU DE INSTRUÇÃO

Na zona sul da cidade foram construídos edifícios novos, entre os quais o centro comercial Atrium Nova Vida, onde há lojas de restauração e de roupa, algumas de marcas internacionais. Encontramo-nos com o sociólogo Paulo de Carvalho no centro comercial onde o chefe de segurança é um português branco.

Como sociólogo, usa as expressões "grupo maioritário" para se referir aos negros e "grupo minoritário" para falar de brancos.

> Em Angola não existe racismo institucional. Primeiro porque a legislação não permite o racismo, segundo porque os grupos raciais não estão discriminados. Há racismo institucional quando os grupos raciais traçam estratégias de actuação com base nesse factor. Ora em Angola isso não ocorre. O grupo racial negro está diferenciado etnicamente. Nos grupos minoritários raciais, como os brancos, não ocorre porque não há necessidade, isso ao contrário do que acontece em Portugal, em que os grupos raciais minoritários traçam estratégias porque são discriminados.

"Ainda hoje, quanto mais claro é o angolano, maior o grau de instrução, resultado da colonização que criou uma tendência que ainda se sentirá durante mais algum tempo", analisa.

> Durante o período colonial, na universidade, em cada cem estudantes talvez encontrássemos dois negros; hoje é o oposto, portanto a situação inverte-se, mas demora algum tempo. Genericamente falando, as pessoas mais brancas não estão discriminadas no acesso aos bens — pelo contrário.

O facto de achar que não existe racismo institucional não significa que não exista discriminação, sublinha. Existem focos "de discriminação racial, mas com o objectivo de retirar benefícios económicos, políticos e sociais". "Em Angola, não se pode dizer que as minorias [brancos e mestiços] tenham dificuldade de acesso à instrução ou sejam discriminadas no acesso ao mercado de trabalho."

Paulo de Carvalho, que se considera negro, apesar de ser visto como mestiço, já se sentiu discriminado "como angolano". Foi numa ONG internacional para a qual trabalhava e onde lhe foi proposta uma "ascensão" de administrador a delegado em Luanda

— ascensão entre aspas, porque a ideia era manter o mesmo salário, sem regalias adicionais pela nova função, ao passo que, se viesse "um estrangeiro, receberia um salário umas quatro vezes superior, teria direito a casa, a carro", enquanto Paulo de Carvalho, "por ser angolano, não tinha direito a absolutamente nada". Apresentou a demissão e fez queixa à empresa-mãe.

Não tem dúvidas de que a ideia de a colonização portuguesa ter sido diferente das outras é um mito, ou melhor, de que é um mito o lusotropicalismo, tese defendida pelo sociólogo brasileiro Gilberto Freyre (1900-1987) que suportou a ideologia do Estado Novo sobre a excepcionalidade portuguesa quanto à sua maneira de estar nos trópicos, "baseada na cordialidade, miscigenação, capacidade de adaptação e assimilação": o objectivo é retratar a colonização como algo benéfico, uma opção que visava prolongá-la por mais tempo. Tal como em outras colonizações, também na portuguesa houve imposições, diminuição e discriminação da cultura autóctone. Um exemplo referido por várias pessoas que entrevistámos é a proibição de falar as línguas nacionais angolanas durante o período colonial. "Falar uma língua local era alvo de séria discriminação. Para se estar integrado na sociedade colonial central, era preciso falar português", lembra o sociólogo. E falar um português correcto, com o menor sotaque possível, com a maior proximidade de Portugal possível.

Autor do livro *The Post-War Angola: Public Sphere, Political Regime and Democracy*, o cientista político Paulo Faria interpreta o lusotropicalismo mais como uma reacção do que como medida adoptada para melhorar as relações raciais — uma reacção às pressões externas para que Portugal descolonizasse.

Paulo Faria viveu muitos anos fora de Angola e ainda hoje tem um sotaque marcado pela influência anglo-saxónica. Escolheu o hall de um hotel em Luanda para nos encontrarmos, e é lá que defende que o lusotropicalismo também pode ser visto como uma forma de violência contra as culturas indígenas. Sobre a miscigenação comenta: "Não sabemos como é que essas relações se entabulavam. Eram relações livres ou as pessoas sentiam-se coagidas a ter relações para dar azo ao lusotropicalismo?"

Há, porém, que situar no tempo a questão do lusotropicalismo, que precisa de ser "oxigenado", diz, por outro lado, o historiador Patrício Batsikama. Numa das salas da Universidade Agostinho Neto, em Luanda, um complexo onde quem entra tem de fintar os enormes lagos que se formam à frente dos edifícios, Batsikama recorda os acontecimentos. A 4 de Fevereiro de 1961 deu-se uma ruptura com o colonizador: um grupo de angolanos atacou pontos estratégicos em Luanda, iniciando assim a Luta de Libertação Nacional com três forças: o MPLA, a FNLA e a UPA (a UNITA só surgiu mais tarde); em Março, as forças de Holden Roberto (UPA) atacam o Norte de Angola. Esse momento criou uma "grande ruptura", segundo Patrício Betsikama, embora no Sul as teorias de Gilberto Freyre ainda fossem vigentes.

> O português não queria largar Angola, isso é claro. Não creio que tenha sido melhor colonizador. Não deixou grandes escolas, nem sequer temos universidades de renome em Angola; a filosofia da administração colonial foi de exclusão, categorizava as pessoas: "Esses são indígenas, aqueles assimilados." Vivemos hoje em dia as consequências. Depois da independência, os lugares administrativos continuaram nas mãos dos luso-angolanos porque tiveram conhecimento, dinheiro e emprego: detinham essa herança. O preto angolano não tinha esse poder, ganhou outro poder, outras heranças.

Mais: "Mesmo nas artes, por exemplo, na literatura, o privilégio continua a ser dado aos angolanos brancos, e exemplo disso é o Prémio Camões", observa.

UTILIZAÇÃO POLÍTICA DA RAÇA OU O PÓS-INDEPENDÊNCIA

Angola é um mosaico de vários grupos étnicos e matrizes linguísticas: ovimbundo, ambundo, bacongo, tchokwe, entre outros. Cada grupo tem a sua língua, e estes grupos vão constituir a sua identidade etnopolítica, indica Paulo Faria. Na geografia política nacional pré-independência, a FNLA representava os bacongos, o MPLA, os ambundos, e os ovimbundos não tinham representação, daí a criação da UNITA, sublinha.

> A FNLA surge numa área predominantemente bacongo. O MPLA tem inicialmente a pretensão de absorver os ambundos, mas numa fase posterior a tendência foi ser "um amplo movimento" e absorver vários grupos. Temos a emergência de três grupos políticos com uma forte matriz identitária na sua vertente étnico-racial.

A Angola pós-1975 vai ser o produto disso, continua, e uma das grandes bandeiras foi vender a ideia de "um só povo, uma só nação", fazendo um corte com o conceito de uma Angola com "este mosaico multiétnico e racial".

Depois da independência, a maioria dos cerca de 330 mil portugueses que viviam em Angola em 1974 regressou a Portugal na ponte aérea de emergência. Em Março de 1976, apenas 30 a 40 mil portugueses tinham permanecido no país. À independência seguiram-se 27 anos de guerra civil, entre 1975 e 2002.

A questão racial seria debatida na luta pelo poder dentro do MPLA. Nito Alves liderou o movimento de oposição ao presidente Agostinho Neto, os chamados "fraccionistas", protagonizando um dos episódios mais traumáticos e polémicos do pós-independência, o 27 de Maio de 1977, data de uma manifestação contra o MPLA. Ainda hoje permanece a dúvida se terá sido uma tentativa de golpe de Estado ou um movimento de protesto que levou Nito Alves a exigir a Neto um regresso à ideologia marxista-leninista, mas a verdade é que, na sequência dessa manifestação, os fraccionistas foram perseguidos pelo MPLA e muitos foram torturados e fuzilados.

Uma das teorias que Nito Alves defendia na altura era justamente "um regime africano mais radical", como se refere em *História de Angola*, de Wheeler e Pélissier. A ele ficaram associadas as célebres declarações que dariam azo a polémica: "No dia em que, em Angola, os camaradas, os cidadãos varredores das ruas, dignificados pela nova moral e consciência revolucionária, forem não só negros, mas mestiços e brancos, também o racismo desaparecerá." Defensores de Nito Alves relembram que a frase foi tirada do contexto em que ele afirmou também que "no dia em que, por um trabalho igual, os homens em Angola, os pretos, os mestiços e os brancos, receberem um salário igual, o racismo desaparecerá". O facto é que Nito Alves é ainda hoje acusado pelos opositores de ter "perseguido" mestiços e brancos. No entanto, no livro de Lara Pawson sobre o 27 de Maio, *Em Nome do Povo*, um homem de idade conta que Nito "costumava dizer que tudo e todos tinham de ser iguais, que não devia haver mais problemas de cor ou raça. Mas toda a gente via que quem mandava eram os brancos, enquanto ele dizia que quem devia mandar éramos nós."

Actualmente membro do novo partido CASA-CE (Convergência Ampla de Salvação de Angola-Coligação Eleitoral), Miguel

Francisco, ou Michel, como lhe chamam pelo nome de casa, é autor de um dos livros sobre o 27 de Maio, *Nuvem Negra*. Numa conferência de imprensa do CASA-CE em Luanda, em finais de Março de 2015, conta-nos que esteve preso durante três anos pelo "regime que ganhou a causa". Defende com voz firme que "a tragédia do 27 de Maio teve como substrato o racismo — é uma questão que ainda é um tabu". "Teve essa base de uma minoria que quis sobrepor-se a uma maioria", comenta.

A utilização política da questão racial foi o que definiu alguns partidos e a percepção que cada um tem da forma como essa questão foi gerida pelos líderes políticos.

Lúcia da Silveira é filha de uma mulher negra e de um homem que "tem mistura". "Então eu tenho a tez um pouquinho mais clara, o cabelo não tão duro e as pessoas identificam dessa forma: 'És mulata, tens mais acesso a isto ou aquilo, és mais clarinha, é mais fácil'." Considera a palavra "mulata" uma ofensa — "mulata vem de mula".

Estamos num café numa das avenidas mais movimentadas de Luanda, sobretudo à hora de ponta, quando nos encontramos. A avenida está cheia de poças de água, as filas de carros, caóticas, não alinhadas. Entre os seus vários afazeres, chega, apressada.

Contextualiza politicamente a questão racial desde a origem da independência. Nasceu em Malanje mas, quando tinha 15 dias, os pais fugiram porque "Savimbi andava atrás dos mestiços para matar — o meu pai está vivo graças ao meu avô e à minha mãe". Esta é uma das acusações feitas ao líder da UNITA, a perseguição racial. Por outro lado, "Agostinho Neto tinha muitos mestiços próximos". Porquê?

> Porque os mestiços precisavam muito dele. A UNITA e a FNLA nunca foram a favor de misturas. A posição em que os mestiços estavam, Lúcio Lara [fundador do MPLA] e outros, não lhes dava a possibilidade de reivindicar comportamentos que o Agostinho Neto tinha e que eram errados. O grupo revolucionário de Nito Alves era dos mais pretos, dos mais escuros. É uma tendência que o próprio MPLA foi criando para sua própria manutenção e segurança.

Na sua opinião, o MPLA, no poder desde 1975, tentou que não houvesse separação racial nem tribalismo, conseguindo "o que muitos não conseguiram, que foi manter esse equilíbrio", continua. "O MPLA tem muito apoio, mesmo dos mestiços, por causa do equilíbrio que conseguiu manter. Temos generais brancos. O MPLA ter os mestiços e os negros do seu lado é importante, então não vai criar uma política que prejudique um lado ou o outro."

A mais de 500 quilómetros de Luanda, em Benguela, Francisco Rasgado, 58 anos, conta-nos que perdeu três irmãos no 27 de Maio. É um homem alto, robusto e usa roupa com padrão militar. A voz é imponente e grave, mas pausada. Em sua casa há um mural dedicado aos irmãos: os seus rostos e datas de nascimento e morte estão na parede de fundo do "anfiteatro" que servirá de palco de concertos. Com uma enorme escadaria que desemboca num mar verdíssimo, daqui a uns meses a casa também terá um bar de jazz junto ao areal. Numa estrutura cor de areia distribuem-se rostos de figuras do jazz a preto e branco, letras gordas dizem "Rasgado's Jazz Club". N a moradia entram e saem visitas regularmente.

Ficamos sentados num dos alpendres enquanto o também dono do jornal *ChelaPress* comenta que "no tempo colonial o papel dos portugueses era dividir para melhor reinar", tendo-se criado as diversas estratificações raciais dentro das quais quem era mestiço se sentia "mais acima do que quem fosse preto".

Vindo de uma família próxima à administração colonial, "o que fez com que não sentisse tanto na carne [o racismo] como as pessoas que estavam mais afastadas", Francisco Rasgado é dos que defendem que Lúcio Lara teria sido presidente "se não fosse a questão racial".

Sobre o 27 de Maio, diz que o movimento dos golpistas era dirigido contra os mulatos. "Essas pessoas, a pretexto de que estavam envolvidas no golpe de Estado, aproveitaram ainda para eliminar os seus opositores."

Francisco Rasgado acha que ainda hoje "as minorias continuam a dominar com base na questão racial". E dá como exemplo o comando militar, "dominado pelos mulatos".

A poucas centenas de metros da casa de Francisco Rasgado, o escritor Dário de Melo (n. 1935) faz uma análise complementar do MPLA e da questão racial na política angolana. Estamos em casa do sobrinho e na piscina tomam banho a sobrinha-neta e o filho dela.

Um dia, numa entrevista, o autor disse que ia escrever um livro sobre "como é difícil ser branco no MPLA":

> Porque um indivíduo que quer ter um lugar e não consegue utiliza o racismo. O racismo é uma cultura que passa de pais para filhos. Quando vem a independência, o que aceitava qualquer pessoa — branco, azul-escuro, cor-de-rosa — era o MPLA. A UNITA não aceitava. O MPLA, que estava realmente fragmentado, aceitou toda a gente. Enquanto houve guerra, as coisas estavam bem, não havia problemas nenhuns, o MPLA era um partido de brancos e mulatos.

Mas esse cenário alterou-se.

"A situação inverte-se fora da política", considera, "porque é verdade que continua a ser mais fácil para um branco mexer-se na sociedade angolana se estiver a trabalhar para uma empresa privada". Isto é assim "desde que não ligue nenhuma ao aspecto político". As diferenças salariais continuam a existir até a nível da economia informal — diz que paga menos a um empregado negro do que pagaria a um empregado branco simplesmente porque o segundo exigiria um ordenado mais alto, e porque na verdade não há assim tantos empregados domésticos brancos em Angola.

De certo modo, a sociedade continua a privilegiar os brancos, acredita. Porque "em Angola joga-se muito com as famílias" e um branco "não tem família atrás". "Vá para Luanda e veja, aquilo é uma família completa."

Dário de Melo nasceu em Benguela, vive em Luanda mas tem dupla nacionalidade — angolana e portuguesa. "Quando tinha nove anos tirei o BI e tinha raça euro-africana. Depois acabaram-se com as raças", recorda. Mas até há pouco tempo a raça vinha escrita no bilhete de identidade angolano, algo que vigorou de 2000 a 2008, mas que foi tão criticado que acabaria por ser abolido.

O pai, natural de Gouveia, em Portugal, era barbeiro e montou uma barbearia em Benguela. Foi para Angola "talvez em 1920, num barco com os porões cheios de prostitutas". "Isto era a terra dos condenados, Angola foi colonizada por condenados... Mas chegavam aqui e tinham de ter um comportamento consentâneo com a sua raça, senão eram banidos."

Dário ficou até aos 12 anos em Angola, altura em que o pai o mandou, a ele e aos irmãos, para Portugal. Regressaria uns anos mais tarde, aos 23 anos, e em Angola ficou, como professor e inspector escolar. De vez em quando passa temporadas em Benguela, em casa do sobrinho, na Baía Azul. Faz parte da Alta Autoridade para a Comunicação Social, o seu papel "é estar sempre do contra", mesmo sendo militante do MPLA. "Mas sou um indivíduo independente."

Viveu o racismo do período colonial, e nessa altura sentiu o privilégio de ser branco. "Por ser branco, teoricamente sou mais competente que o vizinho do lado." Conta um episódio de 1965/66 que o marcou. "Tinha um colega inspector negro que dizia: 'Dário, se eu for a um hotel já não têm quarto, se for contigo já têm.' Foi quando me apercebi de que havia qualquer coisa que... Andava iludido, achava que estava tudo bem porque ele era [negro e] meu colega [como inspector escolar]."

RACISMO COLONIAL: SEPARAÇÃO

Embora não tenha havido uma consagração oficial do racismo em Angola, como aconteceu na África do Sul, onde a promoção social ou o acesso a determinados lugares e privilégios eram baseados na raça, a colonização tinha na sua matriz um preconceito racista, lembra o coronel Jaka Jamba, antigo combatente pela libertação e deputado da UNITA, secretário de Estado nomeado por Jonas Savimbi no governo de transição de 1975.

Em traços gerais, como lembra Sérgio Dundão, a colonização teve vários estádios. Sérgio Dundão é um jovem professor no Instituto Superior de Ciências Sociais e Relações Internacionais, nascido em Angola em 1987 mas que viveu desde os 14 anos em Portugal. Formado em Ciência Política e Relações Internacionais na Universidade Nova de Lisboa, regressou definitivamente a Luanda há cerca de um ano, embora tenha sempre visitado a cidade com regularidade. Participa em vários debates sobre o tema do racismo em Portugal e faz parte do movimento activista Plataforma Gueto.

Encontramo-nos na baixa de Luanda, no Teatro Elinga, que está sempre na iminência de fechar — é um dos edifícios coloniais, do século XIX, que um dia será destruído para dar lugar a uma nova estrutura, destino dado a vários edifícios do tempo colonial em Luanda, uma cidade em obras. Afirma Sérgio Dundão:

> Existe a colonização de um regime monárquico, a de tipo republicano, do Estado Novo e estas variações acabaram por ter impacto em Angola. O regime colonial tornou-se mais rígido com o regime republicano, que foi muito mais racista. Muito da primeira fase tem o envolvimento de figuras negras na construção da angolanidade e com Norton de Matos isso acaba, e a política dele vai ser seguida pelo Estado Novo: escolaridade reduzida para os negros, os negros não podem misturar-se com os brancos... Para muitos historiadores, ele é o construtor da política colonial do Estado Novo.

Estabeleceram-se diferenciações, mesmo entre os portugueses que nasciam na metrópole e os que nasciam nas colónias como Angola, que ficaram cunhados como "portugueses de segunda". O próprio bilhete de identidade permitia uma diferenciação entre o português que nascia na metrópole e o que nascia no território ultramarino. Sérgio Dundão continua:

> No BI do indígena havia [o desenho de] uma cauda [a indicar que] aquele sujeito era um animal. Eram raros os homens brancos que podiam ter uma relação com uma mulher negra. Era de tal forma a injustiça que levava muitos a lutar contra o regime, [porque sentiam]: "Sou amigo de um negro e ele como negro não pode frequentar os mesmos sítios que eu".

Segundo o livro *História de Angola*, já referido, durante o primeiro século de ocupação portuguesa raramente houve mais de mil europeus a residir em Angola, mas a população aumentou com a miscigenação, dando origem a "um novo tipo de angolano, o mestiço afro-português".

Com o comércio de escravos, Angola transforma-se numa grande "mãe negra", exportando milhões de escravos até ao momento da abolição da escravatura no século XIX. De 1579 a 1921, a guerra era a regra, acrescentam os historiadores. Predominava a "superioridade branca consciente", baseada "no sentimento de que a escravização dos negros era legítima". Os preconceitos foram depois estimulados pelo facto de "a maior parte dos portugueses pertencer a estratos sociais mais baixos na Europa — muito do povoamento foi feito com portugueses do chamado degredo".

Com o marquês de Sá da Bandeira, ministro do Ultramar em 1835-36, promotor da abolição do tráfico de escravos, dá-se uma política de expansão em Angola, mas no final do século XIX menos de um décimo do território era controlado e ocupado. Em finais do século XIX, um número considerável de assimilados habitava em Luanda, ocupando vários lugares e por vezes ascendendo a postos importantes. Vários chegaram a directores de departamentos da administração colonial — entre 1912 e 1925, dois presidentes da Câmara Municipal de Luanda eram mestiços e ocupavam posições relevantes no exército. "O século XIX e as duas primeiras décadas do século XX foram o apogeu da posição dos assimilados na sociedade."

Na mesma altura, em finais do século XIX, porém, começaram a aparecer obstáculos à progressão na carreira de assimilados, nomeadamente restrições à entrada na administração pública na primeira década de 1900. Em 1921, Norton de Matos aprova a lei que segrega a administração pública angolana num ramo europeu e outro africano, representando "um retrocesso quase completo para os angolanos", lê-se ainda em *História de Angola*. É então que, em 1929, o estatuto do indígena cria oficialmente uma política de discriminação racial.

BRANCOS NÃO SE METEM EM PROBLEMAS

Luaty Beirão recebe-nos em sua casa em Vila Alice, um bairro onde vivem angolanos de várias raças. Estamos em Março, meses antes de o *rapper* e activista de 33 anos ser preso com outros 14 activistas, acusado de conspirar contra o presidente José Eduardo dos Santos. Há seguranças à porta, mas vigiam os bens de outros vizinhos — estão ali simplesmente por ser uma posição estratégica na rua, explica o *rapper*. A casa, uma moradia, é da avó, que passa o ano entre Lisboa e Luanda.

Luaty vive ali com a mulher e a filha. Lembra-se de, em miúdo, estar a jogar à bola e ouvir expressões como "mulato canga massa", ou "branco das pedras". São "títulos pejorativos que quando se é criança não se percebe, e simplesmente se reage, mas colocados num contexto de centenas de anos começa a entender-se o porquê deste ressentimento e sentido pejorativo que se dá às pessoas de tez mais clara".

Luaty vê essa discriminação à luz da história: uma das explicações "é o facto de o poder económico ter sido retido pela minoria, que somos nós, os brancos, os mestiços, os mulatos, os cabritos", e de existir a "noção de que os brancos mulatos são ricos". E que "não é de todo uma noção 100% errada: a grande maioria continua a ter poder económico, mas não é uma avaliação completamente justa", porque também há negros com dinheiro.

Com a nova vaga de emigração portuguesa em Angola, que levou milhares de portugueses para o país, sobretudo até ao início da crise do petróleo que se começou a acentuar em 2015, Luaty sente uma tensão muitas vezes mal disfarçada:

> Nem todos os expatriados vêm com as melhores intenções e basta uma mosca na sopa para ela ficar intragável. As generalizações são preocupantes, são fruto de ignorância, mas é preciso discutir, mostrar e fazer as pessoas compreender que são casos isolados que precisam de ser tratados isoladamente. Não sendo nós, como sociedade, capazes de fazer esta passagem de testemunho, vejo com alguma apreensão e com alguma preocupação que isto possa vir a degenerar em algo mais racial. Tenho sentido muito essa tensão mal disfarçada, de que "o branco veio para nos dominar, já tivemos não sei quantos anos de descolonização, não queremos mais esses chefes".

Na prática, "muito poucos brancos se metem em problemas políticos em Angola", afirma.

> Sabem ocupar o seu lugar, sabem manter-se calados, sabem, por mais que tenham ideias e pensamentos e alguma coisa a dizer, aonde se devem pronunciar, e sabem até onde podem ir, não se metem em alhadas. Exemplos como José Patrocínio [da Omunga, em Benguela] são muito raros.

Exemplos como o de Luaty também são muito raros. Desde muito cedo que Luaty se definiu sem aceitar "adjectivos de quem quer que fosse":

> Por mais que as pessoas me vejam como: "É angolano, mas é branco"; "é angolano mas tem dupla nacionalidade", sou angolano, identifico-me como angolano, nasci em Angola, África — portanto sou africano. Não tenho de ter complexo disso nem do que os meus bisavós eventualmente fizeram — eu sou eu e nasci aqui. Não sei porque hei-de ser menos angolano do que uma pessoa que nasceu ao meu lado na maternidade e eu sou branco e ele é preto. Posso pegar em mim e a qualquer momento ir-me embora, mas sinto que o meu percurso é aqui, o meu chamamento é aqui, onde posso fazer alguma coisa é aqui, onde posso contribuir de alguma maneira para melhorar é aqui. O meu coração bate aqui.

De qualquer forma, ser branco em Angola ainda é um tema, nota. Hoje isso já não lhe faz confusão.

> Ainda agora dois artistas resolveram usar o meu nome e logo na primeira frase dizer que eu sou angolano branco, luso-angolano... No outro dia, fui levantar a carta de condução da minha mãe, por alguma razão deduziram que eu fosse estrangeiro e mandaram-me para uma fila diferente antes de me perguntar. Hoje encaro isso com mais naturalidade e com um sorriso, não me magoa, sobretudo percebo de onde vem. Quando se consegue perceber isso, fica-se mais em paz com essa violência.

Ana Clara Guerra-Marques, directora da Companhia de Dança Contemporânea de Angola, 52 anos, por outro lado, descreve-se como "refilona", e de cada vez que ouve um comentário racista responde. Por exemplo, no outro dia, chamaram-lhe "cor de frango". Descendente de portugueses, Ana Clara pertenceu a uma classe privilegiada. Os pais nasceram em Angola: a mãe formou-se em Filologia Românica, o pai em Engenharia Civil e Ana Clara, apesar de andar numa escola pública, teve professores particulares de Francês, por exemplo.

Os pais estiveram ligados aos movimentos de independência e foram os únicos do grupo de amigos a ficar depois de 1975. "Os meus pais fizeram questão de que fôssemos educadas numa certa Angola multirracial", diz na sala da casa da família, onde ainda vive, uma moradia em Maculusso.

> Relativamente à cor da pele há discriminações de parte a parte — de pessoas que vêm de fora a pessoas daqui, mas também a pessoas brancas. Sinto muitas vezes discriminação, embora seja angolana. É só andar na rua a pé. Muitas vezes sou insultada. Acho que devemos responder mas às vezes também temos de compreender que certas reacções são naturais. Angola foi colonizada durante séculos e é natural que sobre o resto de um problema não resolvido.

A questão existe tanto dentro quanto fora do país — não apenas em relação a si mas em relação à sua companhia de dança, que considera ser "discriminada". Quando é preciso representar Angola, convidam-se as companhias das ditas danças tradicionais que, na verdade, são mais folclore para turista ver, critica.

> Uma vez fui a um país com uma colega igualmente branca e fomos a um festival internacional de dança. Ficou alguém de nos ir buscar. Ninguém aparecia, até anoitecer. Às tantas, viram-nos há tanto tempo à espera que resolveram perguntar. "Ah, são vocês, estávamos à espera de duas pretas." Ninguém gosta de ouvir.

Noutra vez, na Bahia, Brasil, convidaram-na a dar um *workshop* e uma das pessoas na plateia insurgiu-se contra a organização do evento: "Não percebo por que a direcção manda vir uma professora que nem sequer representa África nem a beleza da mulher africana." Respondeu: "Não fiquei calada, não tenho medo e disse-lhe que era racista."

PRIVILÉGIO BRANCO

"Se Angola não tivesse tido guerra, hoje seria um país completamente diferente, inclusivamente do ponto de vista da coabitação racial", defende o jornalista Reginaldo Silva, que tem escrito sobre o tema em órgãos como a Rede Angola. "A situação social explica o tipo de reacções mais epidérmicas", diz.

> Tirando algumas rixas no dia-a-dia, não acho que haja problemas graves a esse nível. Já tive alguns choques, já levei com alguns "mulatos" na cara, mas nada demais... Também há mestiços que se queixam de negros e negros que se queixam dos mestiços. Ainda há pais de mestiços que acham que casar com um negro pode não ser a melhor solução. O problema é dimensionar isto: o que é preponderante?

Se em Angola não houver uma maior distribuição dos rendimentos e uma diminuição das assimetrias e problemas sociais, Reginaldo Silva teme o agravamento "deste tipo de conflitos entre negros e mestiços ou os negros acusarem os mestiços de serem responsáveis por não sei o quê".

Há quem fale de racismo de negros contra brancos, mas Sizaltina confessa ter dificuldade em aceitar a questão colocada nesses termos. É, de resto, comum quando se fala de racismo aparecer o típico: "Ah, mas os negros também são racistas." Sizaltina justifica a sua posição:

> Entendo o racismo como sistema de poder político, económico, social que privilegia determinada raça em detrimento de outras — um sistema que está criado para privilegiar um determinado grupo racial. Se olharmos para Angola e a entendermos como sociedade multirracial — eu entendo como país negro —, então temos de ter pessoas de várias raças representadas em todos os estratos. Mas é quase impossível ver uma zungueira [vendedora de rua] de pele mais clara, os porteiros, os varredores de rua, os moradores das zonas menos privilegiadas são todos de pele mais escura. Isso indica um favoritismo ou uma prática que faz com que as pessoas que tenham a pele mais clara tenham uma ascensão maior.

Por outro lado, mesmo num país africano, aceita-se com mais facilidade imigrantes portugueses do que africanos, aceita-se melhor um imigrante branco do que um negro, acredita.

> Isso para mim é doentio, principalmente de um estado que lutou contra o imperialismo, contra o colonialismo, que foi marxista-leninista. Acontece por causa da associação que se faz ao branco — branco é bom, negro não — e que resulta do processo de escravatura. Durante séculos, os negros aprenderam que o negro é mau. A filha rebelde é a ovelha negra; a inveja, se for no bom sentido, é inveja branca. A associação do branco com o bom, desejável, determina a forma de agir das pessoas.

Mestiço, fruto da miscigenação que aconteceu durante o período colonial, Luaty Beirão confessa que não pode determinar se é "bom ou mau ter havido misturas", porque caso contrário ele não teria nascido.

> Muitas vezes já me perguntei: será que eu preferiria não existir, será que isso teria tirado algum peso, o não ter havido colonização? Se eu não estivesse cá hoje, será que teria sido melhor? Então, não dá para responder porque eu não estaria cá para responder e não há como comparar porque não há como voltar atrás. É daquelas coisas que é um beco sem saída.

NA ROTA DA ESCRAVATURA EM ANGOLA

A vista é ampla e há até uma imagem onírica de um barco a atravessar a água. O céu está muito azul neste dia de Abril, e só com alguma dificuldade conseguimos entrar no edifício do Museu da Escravatura, pois está tudo a ser preparado para uma visita do presidente José Eduardo dos Santos em breve.

Situado no Morro da Cruz, uma zona fora da cidade de Luanda, o museu fica na capela da casa de uma família escravocrata que mantinha no quintal os escravos capturados no interior do país — era denominada "Capela da Casa Grande". Funcionou como base do tráfico até à abolição da escravatura.

No pequeno edifício podem agora ver-se objectos que tiveram diferentes usos: as grilhetas ou esferas em ferro, que serviam para prender os escravos; as palmatórias (um pau em madeira com um disco redondo na ponta, e cinco furos), que serviam para bater; e materiais usados nas travessias do Atlântico, como panelas de ferro e de alambique. Há também painéis que reproduzem cenas do período da escravatura.

"O Museu da Escravatura é um baptistério", contextualiza o historiador Simão Souindoula. "Os escravos eram baptizados, uma prática que visava a sua evangelização. Isso deu um formato cristão a Angola."

Calcula-se que tenham saído de Angola, entre 1501 e 1866, quase 5,7 milhões de escravos (segundo a base de dados americana

Atlantic Slave Trade). O país foi uma das grandes fontes emissoras de comércio de escravos desde o século XV até meados do século XIX. E a Igreja Católica desempenhou um papel importante não só na ladinização de escravos, mas no seu comércio.

Na baixa de Luanda fica um dos lugares marcantes da Rota da Escravatura: a Igreja do Carmo, construída no século XVII. "Depois do abandono do zimbo, uma moeda antiga, começaram a usar uma moeda viva — os homens", diz Simão Souindoula. "A Igreja não escapou nesse movimento. Aqui havia um quintalão de escravos, que é a 'reserva', o 'banco central'", aponta. "Eram cambiados com os produtos que os padres precisavam — este é um exemplo da articulação da Igreja com o tráfico de escravos."

Pela Igreja do Carmo passaram milhares de escravos, muitos vindos do interior. Luanda era uma cidade esclavagista. A relação da Igreja Católica com a escravatura era comercial, sublinha. "A Igreja fazia parte do corpo económico da cidade, também precisava de escravos domésticos; então, como em toda a parte, houve esta ligação fatal. A Igreja tinha consciência de que esta prática não era humana. O Vaticano também queria a evangelização e um dos meios era utilizar os escravos como cristãos."

Dona Ana Joaquina foi uma das maiores escravocratas da Angola do século XIX. Era uma mulher poderosa em Luanda, filha de um português e de uma angolana. "A escravatura era um negócio muito lucrativo e ela conseguiu construir um palácio à altura dos meios de um estado. Pode ver-se a potência financeira que ela tinha", diz o historiador, mostrando o enorme edifício que hoje funciona como Tribunal Provincial de Luanda, bem na baixa da cidade, e que substituiu a casa original, através de uma cópia.

O palácio chegou a ter um quintalão em frente à escadaria. "As más-línguas dizem que havia um túnel que saía daqui até às

Portas do Mar, mas julgo que não era verdade", comenta o historiador. Simão Souindoula faz a descrição do que acontecia naquele edifício: "Passaram pelas mãos dela milhares de escravos. A casa é bem posicionada para as Portas do Mar. Ela fazia festas [no andar de] cima e, quando o barco chegava, mandava os escravos." Os escravos saíam do palácio directamente para o embarque.

Dona Ana também tinha quintas. Era uma negociante do ramo da pecuária, continua o historiador. "Ficou bastante forte na memória dos angolanos, porque continuamos a chamá-la 'dona' em vez de 'escravocrata'. Foi uma das mulheres que resistiu à abolição da escravatura. Chegou a escravocrata por jugo da herança do marido."

As Portas do Mar ficam em frente à Alfândega, hoje uma zona requalificada com palmeiras e gente a correr de manhã à noite. Era um porto de embarque de escravos, "um local histórico porque aqui aconteciam todas as revoltas possíveis", comenta o historiador. Quando embarcava, "o escravo não sabia para onde ia, ia para o 'Calunga' — o infinito, como dizemos em Angola. Então, havia revoltas e suicídios neste sítio".

Quanto valia um escravo? Simão Souindoula não sabe, mas diz que o preço era feito de acordo com os negociantes. Quem vendia? "Os comandantes militares, negociantes, administradores, o próprio governador, que tinha tropas."

Luanda era uma cidade esclavagista. Por isso, quando se deu a abolição da escravatura, "as pessoas disseram: 'Vamos viver do quê, se não produzimos nada?'".

A maioria dos traficantes de escravos era portuguesa e capturava os escravos "com a ajuda dos angolanos, os ajudantes no interior", pois "não era fácil pegar nos escravos porque era preciso lutar, fomentar guerras", conclui.

Passamos agora para a Fortaleza. Estamos em frente da enorme estátua da rainha Nzinga/Ginga (1582-1663), que guarda a entrada. A escultura é apenas um retrato provável desta mulher sobre quem "as más-línguas dizem que tinha um feitiço".

A Fortaleza é também Museu da História Militar e um local de onde se consegue facilmente controlar a cidade, hoje com prédios altíssimos em construção mesmo em frente.

O "retrato provável" da rainha Ginga foi construído em Paris dois séculos depois da sua morte, "o que é extraordinário para um africano", nota o historiador. "Era uma mulher terrível, tinha uma vida militar, guerreira", diz sobre esta "dupla soberana": rainha do reino Ndongo e depois do reino da Matamba (Norte de Angola).

Era uma mulher do seu tempo, do século XVII, sobre quem se escreveram vários mitos, como o facto de andar "com uma mala com os esqueletos dos seus antepassados". Há várias obras sobre Ginga, incluindo filmes e livros. "Era uma mulher formada na corte que vai defender as suas terras, usando os meios que tinha e fazendo aliança com os reinos africanos", continua o historiador. Convertida ao cristianismo, morreu com o seu nome católico, Ana.

Uma das razões da idolatria por esta escravocrata é o facto de também ter combatido os portugueses. Ficou famosa a história (mito?) de ter pedido a uma escrava para servir de banco num encontro que teve com o governador português, de modo a ficar ao mesmo nível de altura dele. "Foi um episódio inteligente. Ela tinha consciência dos desafios", conclui o historiador.

No largo onde ficava o Baleizão há um edifício verde claríssimo com a tinta a descascar. Em frente aos pequenos cafés onde se vende cerveja estão pessoas sentadas, apesar da chuva. Simão Souindoula conta que, nestes sobrados dos séculos XVII, XVIII e XIX, funcionava um grande mercado — um local natural para o efeito porque era seguro e vigiado pela tropa a partir da Fortaleza, que ficava mesmo acima. Ali moravam traficantes e comerciantes, havia quintalões, e esta disposição permitia manter os escravos cativos por dois, três meses. Comerciantes e escravos não moravam juntos, mas ao lado uns dos outros, "porque os traficantes tinham de cuidar da saúde e do aspecto dos escravos para ter uma mercadoria saudável, capaz de atravessar o Atlântico", já que "15 a 20% dos escravos se perdia por causa das condições de viagem, muito difíceis."

O historiador nota que um terço dos escravos eram crianças, o que aumentava a gravidade do crime. Relembra ainda que outro terço eram mulheres que, por serem consideradas "uma mercadoria dócil", não representavam perigo de rebelião nos navios. Cada navio levava 250 a 300 escravos, vigiados atentamente para evitar distúrbios e para minimizar problemas de saúde. Quando havia doenças contagiosas, como disenteria, os que ficavam doentes eram lançados borda fora. Daí as estatísticas gerais darem conta de dois milhões de escravos terem ficado pelo caminho.

2
GUINÉ-BISSAU

A COLÓNIA ONDE TODAS AS FATUMATA TINHAM DE SE CHAMAR MARIA

À beira da estrada, os vendedores ocupam os passeios com panos, tachos e panelas feitos com restos de latas de refrigerantes, comida, chinelos, ténis, roupa, aparelhos electrónicos. Setembro já não é o pior mês das chuvas, mas o céu ainda está cinzento e carregado quando atravessamos de carro a zona da Chapa de Bissau. Há gente e gente na rua, mulheres a caminharem com quilos de fruta ou frutos secos à cabeça, muitos carros a circularem por uma terra laranja-forte.

Era aqui que a cidade de Bissau começava durante o colonialismo. Começava em termos de vida, de infra-estruturas, de cidade. Havia um posto de controlo que exigia a chamada "guia de marcha", autorização onde se descrevia o motivo da deslocação. Ninguém podia atravessar descalço a fronteira que dava acesso a Bissau, cidade que em 1941 substitui Bolama como capital.

O antropólogo e arquivista Fodé Mané, 50 anos, ainda conserva as guias de marcha da mãe. "Um assimilado podia andar onde quisesse, um indígena tinha de ir à administração pedir uma guia e responder a várias perguntas. Não podia ultrapassar os dias que tinham sido concedidos para estar no centro urbano."

Além da guia de marcha, o indígena tinha uma caderneta, obrigatória para todos os homens a partir de 1920. Num exemplar da caderneta do indígena vemos várias folhas, cada uma com itens a preencher: características do utente, imposto indígena, contribuição braçal, castigos e condenações...

O estatuto de indigenato, lei que tinha como objectivo a assimilação, vigorou oficialmente até 1961, mas vários relatos dizem que, na prática, continuou a ser aplicado até à independência. Ao assimilado era exigido que comesse à mesa, que usasse garfo e faca, que tivesse um salário e que, enfim, adoptasse o estilo de vida português.

Não é difícil imaginar agora um posto de controlo na estrada da Chapa. Seria idêntico às cordas que os miúdos hoje esticam na estrada principal que sai de Bissau em direcção a leste e que servem para travar a passagem de viaturas, cobrar os impostos aos camiões que levam mercadoria, ou pedir uma contribuição pelo arranjo dos buracos da estrada. Muita gente conta que havia quem caminhasse quilómetros descalço até ali chegar.

"Durante a época colonial, havia uma divisão clara, uma linha", conta, por seu lado, Djamila Gomes, arquitecta. "Há até piadas sobre isso. Por exemplo, a quem vem de Bafatá para viver em Bissau diz-se: 'Pulaste a corda.' Porque antes havia uma corda. Lembro-me de que a minha mãe tinha uma autorização para vir a Bissau."

Sentada na rua, na zona antiga de Bissau, hoje degradada e com estradas e prédios a precisarem de urgente recuperação, Djamila Gomes explica o desenho da cidade, explica como era a dinâmica racial em Bissau. "Os empregados não residiam [na cidade]. Vinham e iam embora." A separação "entre os guineenses e portugueses era real", completa.

Bissau funcionava como uma ilha. Os edifícios eram construídos quase todos com a mesma arquitectura, que ainda se mantém: em baixo, casas comerciais; em cima, residências. "Ainda hoje não temos nenhum outro impacto arquitectónico que se compare

— temos o estilo colonial só aqui na cidade de Bissau", explica a também administradora de outra das mais importantes cidades guineenses, Bafatá.

Está de visita a Bissau por causa dos acontecimentos que levaram o presidente da República, José Mário Vaz, a demitir o governo liderado por Domingos Simões Pereira no Verão de 2015, ambos do PAIGC (Partido Africano da Independência da Guiné e Cabo Verde). A sede do partido, mesmo no centro, encontra-se neste momento em obras — literal e metaforicamente. O edifício, com um desenho arquitectónico típico da época do Estado Novo, está a ser pintado por dentro. No pátio, os pioneiros preparam a coreografia para as cerimónias de comemoração do aniversário do partido e da independência, ambas no mês de Setembro. Ouve-se o coro entoar "as glórias" do PAIGC.

Um enorme busto de Amílcar Cabral afirma-se à entrada, e um quadro gigante com o seu rosto, em cores vivas, olha-nos de frente quando subimos as escadas para o primeiro andar, a caminho do auditório. Amílcar Cabral é ainda hoje uma figura admirada na Guiné-Bissau, mas também noutros países africanos. É uma referência na luta dos direitos dos negros. Ouvimos gente citá-lo dizendo que "a luta de libertação não era contra os portugueses, a luta era contra o sistema colonial". É um mantra que serve a muitos para sublinhar que não existe animosidade contra os portugueses, apesar da violência cometida pelo sistema colonial português.

O APITO DAS SEIS DA TARDE

Estamos na Praça dos Heróis Nacionais, antiga Praça do Império: o centro é ocupado pelo Monumento ao Esforço da Raça (1941). É uma rotunda que fica em frente à sede do PAIGC e do Palácio

Presidencial — de manhã e ao final do dia, muitos andam ali a fazer desporto.

Um pouco antes das 18 horas a bandeira no Palácio Presidencial é retirada da haste e ouve-se o hino nacional — é obrigatório por lei ficar-se de pé durante o hino, sob pena de multa. Os carros param. A conversa com Fodé Mané, que pesquisou o estatuto do indígena, é interrompida, criando a sensação de anacronismo e, ao mesmo tempo, de paradoxo. Ficamos em silêncio. Minutos depois, continua:

> Quando uma pessoa requeria o estatuto de assimilado, tinha de provar que se vestia como um europeu e que já não praticava as cerimónias tradicionais. As mulheres tinham de desfrisar o cabelo, desfazer as tranças africanas e até se perguntava aos comerciantes quantos litros de vinho a pessoa comprava por semana, se comprava bacalhau e grão-de-bico. Em contrapartida, o cidadão assimilado podia aceder à função pública e os seus filhos tinham direito a frequentar escolas centrais, escolas do Estado. Havia um conjunto de serviços próprios para indígenas, e um conjunto de serviços para assimilados.

A exigência fazia parte de um código colonial, e a fronteira existia para separar os indígenas dos assimilados, dos portugueses e, em muitos casos, dos cabo-verdianos também.

Leopoldo Amado, historiador, director do Instituto Nacional de Estudos e Pesquisa (INEP), lembra a época em que um sinal dava ordem de entrada e saída da população negra na cidade. Bissau começou a desenvolver-se a partir do porto, onde havia um muro para separar as populações africanas dos moradores, que eram os comerciantes portugueses. "Em 1940, este muro ainda existia, foi derrubado quando o nacionalismo começou a despertar", no final dos anos 1950, explica.

> Nesse território com o muro em Bissau, na pequena cidadela, alguém usava um apito às seis da tarde e os africanos sabiam que era hora de saírem daquele espaço, da urbe colonial. Voltava-se a apitar às seis da manhã para entrarem e darem início aos trabalhos domésticos. A presença dos negros era admitida apenas para os trabalhos domésticos ou de baixa qualificação.

A época colonial de que Fodé Mané se lembra é a do governador António de Spínola (1968-73), altura em que estava em marcha a política "Por Uma Guiné Melhor" (que ficaria registada num livro com o mesmo título, em 1970). "Já não havia a implementação da segregação do indígena", comenta. Tinha entrado em vigor a política de criação de mais escolas e infra-estruturas, numa tentativa de travar a luta pela libertação que crescia. "Mas uma revogação não desaparece da mentalidade das pessoas", continua.

> Vivemos a diferenciação entre os que tinham beneficiado do estatuto de indigenato e aqueles que eram filhos de funcionários públicos e que, por isso, podiam estudar nas escolas do Estado. Para estudar, a pessoa tinha de ter registo ou certidão de nascimento ou um conjunto de documentos que o grosso da população não tinha.

Mesmo pelos nomes nota-se quem foi registado antes ou depois da época colonial: "O meu nome, Fodé Mané: na época colonial não podia ter o nome completamente africano, tinha de ter um Fernando ou um João; depois, não podia ter um nome tão curto." As mulheres que se chamavam Fatumata tinham de mudar o nome para Maria, por exemplo.

Com pouco mais de 1,6 milhões de habitantes, a Guiné-Bissau foi a primeira colónia portuguesa a obter a independência, em 1973, fruto da luta pela libertação liderada por homens como Amílcar Cabral, e iniciada no início dos anos 1960. Tem uma história marcada pela resistência, orgulho de muitos guineenses. Tendo feito parte do Império Mali e do Reino Gabu, a Guiné-Bissau nunca seria totalmente ocupada pelos portugueses. Historiadores como Leopoldo Amado defendem que a colonização efectiva durou apenas de 1936 (a data oficial do final das campanhas de pacificação) até ao despertar do nacionalismo, por volta dos anos 1960.

A Guiné foi administrada por Cabo Verde até 1879, enquanto Guiné de Cabo Verde, e até à descolonização eram os cabo-verdianos que formavam o grosso da administração pública colonial — daí dizer-se que a Guiné era uma "colónia da colónia".

Com mais de 30 etnias, a língua portuguesa é falada por apenas 14% da população, sendo o crioulo o idioma mais usado. A política colonial portuguesa usou a divisão étnica a seu favor, criando cisões e formando alianças com povos indígenas, como os fula.

ESTRADAS CONSTRUÍDAS COM TRABALHO FORÇADO

Bafatá é uma cidade no centro-leste de Bissau. Tem uma população maioritariamente muçulmana. Os poucos edifícios coloniais têm um ar de abandono. Nas ruas de terra vermelha e buracos provocados pela chuva há gente a vender, como em qualquer pequena localidade na Guiné-Bissau. A vida faz-se cá fora, apesar do calor.

Segundo o actual imã, a mesquita da cidade foi inaugurada em 1962. Os altifalantes chamam para a oração, homens entram depois de se lavarem e descalçarem, alguns chegam de bicicleta. A fachada branca, com quadrados rendilhados e paredes verde-claras, está relativamente bem conservada. Como era ser muçulmano num país colonizado por uma potência católica? O imã, Tcherno Culabio Ba, nunca foi forçado a mudar o seu nome para um católico, pois era filho do imã da mesquita. Mas teve de fazer a tropa portuguesa, por exemplo. “Era difícil viver durante o período colonial. Até para Portugal era difícil, só depois da democracia é que se tornou melhor. Agora estamos livres e soberanos, dantes tínhamos de cumprir, ninguém podia recusar.”

O ourives Saliu Tcham, 69 anos, fala pouco português, e é um dos filhos que traduz a conversa no alpendre de sua casa. As paredes de um verde claríssimo estão desbotadas e têm números escritos a carvão. Cá fora, uma mulher aquece uma panela com comida no pequeno fogareiro. Um galo canta. Tcham tem umas mãos enormes. É um homem alto. Vive ali desde que nasceu. A profissão herdou-a do pai, que durante muito tempo foi também seu patrão. “Os portugueses mandavam fazer trabalhos forçados. Querendo ou não querendo, eu fazia serviço sem ser pago.”

Segundo conta, os portugueses não pagavam ao pai, que punha a família a trabalhar. Entre 1968 e 1971, Tcham trabalhou de graça. Nunca estudou. Ficou contente quando os portugueses saíram. “Foi uma grande festa.” Lembra também que “nunca o preto podia comer com o branco”. Ele costuma conversar sobre isto com os filhos. Um deles queria ir para Portugal estudar e ele desaconselhou, porque tinha medo que o filho fosse vítima de racismo. Enumera uma série de coisas que não havia na altura e fala do imposto da palhota que os guineenses eram obrigados a pagar — quem não pagasse era sujeito a trabalho forçado.

Não era apenas o estatuto do indígena que separava raças na Guiné-Bissau. Dautarin da Costa, 34 anos, lembra-se de ter aprendido na escola, no 8.º ano, as datas de abolição da escravatura. Era “dado com tanta propriedade”, conta, que “um estudante acreditava" que tinha sido mesmo abolida. Porém, mais tarde, percebeu que aquilo que aprendera na escola era bem distinto do que acontecera de facto.

Sentado na sala de sua casa em Bissau, para onde regressou há dois anos depois de ter vivido 17 em Portugal, Dautarin fala das suas visitas à tabanca (aldeia) da família, onde costumava conversar com o avô.

> Numa dessas conversas, o meu avô disse-me que entraram na tabanca e agarraram jovens [incluindo ele] para construirem a estrada que me levou até ele sem serem remunerados. Então, fiz as contas, e o meu avô foi escravizado numa altura posterior à data da abolição da escravatura. Aquilo me marcou imenso e abriu-me outras perspectivas sobre a dominação: ou seja, a coisa não foi tão higiénica como os livros apresentam. Comecei a perceber que há uma dimensão formal da dominação e outra mais prática que persistiu depois dos tratados. Para mim, aquilo foi um marco da profunda desigualdade entre europeus e africanos, entre pretos e brancos; comecei a perceber que houve um processo de dominação, e que o meu avô foi uma das vítimas.

O avô estava numa situação de desprivilégio, não era considerado cidadão de pleno direito. Entretanto, algumas coisas mudaram: "Deixámos de ser portugueses de segunda e de terceira para passarmos a ser guineenses. Mas a maior parte dos guineenses está numa situação de pobreza."

Dautarin tem várias etnias a correr-lhe no sangue. É manjaco do lado do pai, papel do lado da mãe, tem um trisavô português e um bisavô cabo-verdiano. "O meu apelido, Costa, não é do meu pai, que era indígena. Foi atribuído por causa do colonialismo, não tenho o meu apelido africano. Na região de Cacheu, houve uma divisão: todos os manjacos têm apelidos como Costa, Gomes, Mendes. Aboliram os apelidos que tínhamos."

Sociólogo, Dautarin lê esta abolição como uma necessidade de os dominadores controlarem a identidade dos dominados, de modo a perpetuar o estado de soberania.

> É uma estratégia que visava estratificar e retirar elementos de resistência ao povo indígena. Claro que gostaria de ter o meu verdadeiro apelido mas, não o tendo, interpreto-o como um processo da história, que é de dominação mas que em mim não faz sentido — estou enquadrado num outro desafio identitário, numa outra luta de preservação da identidade.

Hoje há uma pequena parte da população que é privilegiada, e essa estratificação na sociedade remonta ao passado colonial de divisão étnica e diferenciação racial.

> Os descendentes dos portugueses tendencialmente acabam por ocupar posições de maior privilégio. Ocupavam-nas durante uma fase inicial porque tinham herdado os recursos. Mas, com o passar do tempo, os espaços de privilégio foram-se diversificando e começou a haver uma maior mistura. Numa fase inicial podemos fazer essa ligação não só com os descendentes de portugueses mas também com pessoas que vieram da luta pela libertação numa condição de privilégio; quem ocupou os lugares deixados vagos pelos colonialistas? Amílcar Cabral dizia que a pequena burguesia era vital para o processo de libertação porque tem consciência da desigualdade, convive directamente com ela. Mas esta classe, após o processo de libertação, vai ter tendência para ocupar o lugar do colonizador, então tem de se suicidar enquanto classe.

DUAS RELIGIÕES, DOIS COLONIZADORES

Na parede do escritório de Abdulai Sila estão penduradas algumas capas dos seus livros. Nascido em 1958, em Catió, o escritor fundou uma empresa de informática com o irmão, e é lá que nos encontramos numa manhã chuvosa.

Sentamo-nos numa cadeira junto a uma mesa comprida perto da porta, a secretária está ao fundo, à janela. Escreveu *A Última Tragédia*, onde aborda a questão racial durante o colonialismo. É pelo seu nome que começa a conversa: o pai nunca aceitou que os filhos ficassem com outros nomes que não fossem aqueles que lhes deu. "Um dos aspectos mais violentos do colonialismo era despir as pessoas completamente, aquilo que Frantz Fanon chamou "pele negra, máscaras brancas". Vivíamos essa lavagem do colonialismo, de todas as formas, diariamente", lembra.

O pai sempre recusou a submissão, e pagou um preço para manter a dignidade. Dizia-lhe: "Tens de ser tu mesmo, não o que o outro quer que tu sejas. Tens um nome, uma posição, tens de ser coerente contigo, não tens de aceitar que o outro te oprima."

Por outro lado, Abdulai Sila cresceu com uma educação religiosa dupla: católica e muçulmana. Na escola oficial só havia lugar para filhos de portugueses ou assimilados, então o pai escolheu para o filho uma escola católica. Sendo ambos os pais muçulmanos praticantes, permitir "a conversão" — "era, de facto, uma conversão" — criava conflitos na comunidade. Abdulai Sila ia, então, a uma escola corânica e a uma escola missionária católica; aprendeu as duas religiões ao mesmo tempo, praticou as duas religiões ao mesmo tempo. Hoje não segue nenhuma, é ateu.

Racismo era algo que sentia quotidianamente na escola. "Lembro-me de uma vez ter feito uma prova e de ter uma nota melhor que o meu colega. A professora entregou-lhe o teste e disse: 'Não tens vergonha, o preto teve uma nota melhor que a tua.'"

Para quem beneficiava do sistema, havia uma tentativa de lutar pela sua manutenção, mas Sila estava "do outro lado", era tratado como "cidadão de classe inferior", tinha no BI o traço B. "Não sabia o que era o traço B. O que era o traço B? Era cidadão de segunda classe. Havia os assimilados e os gentios — eu fazia parte dos segundos."

A mãe não falava português, o pai falava pouco. Era preciso comer à mesa, desfrisar o cabelo, usar peruca, e ele não se identificava com nada disso porque, no fundo, era "rejeitar a sua personalidade e assumir uma outra" que lhe relembrava que era inferior.

> Hoje continua a haver perucas e a gastar-se dinheiro no cabelo. Gasta-se mais dinheiro em cabelo falso do que em livros. Qual o objectivo? Parecer-se com o branco, o modelo que se tem na cabeça. Essa deturpação vem de onde? De lá, daqueles tempos. Portanto não me admira que muita gente continue a achar que o outro tempo foi pacífico, lindinho, quando os outros que andaram na mata são os maus da fita. Não souberam nunca o que é ser maltratado, humilhado, espancado, preso.

Defende que racismo na Guiné-Bissau seria ignorância. Mas continua a haver um "certo complexo". Muitos dos decisores "estão ligados a essa mentalidade de cariz racista na qual cresceram e da qual não se libertaram". Como se manifesta?

> [Na atitude de] "nós somos inferiores e precisamos de ajuda". E passam o tempo a pedir ajuda. Há muitas formas de racismo que são invisíveis. Uma delas é sentir-se inferior porque toda a educação

> era feita nessa base: "Vocês não são capazes de se autogovernar, são bárbaros, selvagens." E quando não se consegue remover o bombardeamento isso fica, fica na cabeça: "Tu és inferior, és infeliz."

Saico Baldé tem duas datas de nascimento: a real, em 1958, e a do papel, em 1964. Natural de uma zona rural do Sul da Guiné-Bissau, foi registado oficialmente como sendo mais novo a seguir à independência, para poder frequentar um liceu onde estavam a dar prioridade a crianças nascidas depois dele.

Durante alguns anos, porém, estudou na escola corânica do Senegal, por ordem do tio, régulo. Foi na época em que estava em curso a guerra pela libertação e em que muitos se tinham refugiado naquele país. Ele viveu um episódio que recorda com preocupação: foi fotografado pelo PAIGC para um panfleto de propaganda política no Senegal, e esse panfleto chegou às mãos da PIDE. Mais tarde, ao atravessar a fronteira para passar férias e visitar a família, seria apanhado — a família tinha sido colocada sob vigilância.

Saico Baldé está actualmente a fazer um doutoramento sobre os migrantes guineenses em Portugal, e tem vários papéis espalhados na secretária do seu escritório no INEP, documentos que fazem parte da pesquisa.

Cita dados do período colonial na nossa conversa, ao final da tarde. Os mais velhos contam-lhe muitas histórias de trabalhos forçados, de humilhações — e conclui que a pior discriminação é ser humilhado perante a família.

> Os velhos contam que, quando se abriam as estradas, as pessoas eram obrigadas a ir trabalhar — ai de quem não cumprisse. Hoje estava a ler um despacho da conferência dos administradores e uma

> das recomendações era negar ao indígena qualquer pretensão de ser chefe. Isto é uma forma violenta de opressão... A pessoa tem o direito de sonhar. Negar isso com um decreto, ser uma política...

Com grande convicção e uma voz segura, defende que "é altura de deixar de fazer propaganda e de [começar] a escrever a história como ela foi". Um dos factos a sublinhar é que a colonização não chegou a todo o território do país, o interior "teve contacto com população branca tardiamente" e sobretudo com os militares. Isso leva a outra questão:

> Quem eram os administradores? Raramente eram os lisboetas, os minhotos — muitas vezes eram os cabo-verdianos. Aliás, 70% dos funcionários coloniais em 1971 eram cabo-verdianos [dados de um relatório]: então não lidámos com o colono directamente, mas com o subcontratado. Isso deixou outra marca, a rivalidade entre a ala originária de Cabo Verde e a da Guiné. Os restantes 30% estavam cá em cima: quem lidava com o nativo não era o colono da metrópole, era o [cabo-verdiano] vindo de São Vicente ou da Praia.

Esta presença de cabo-verdianos em posições de chefia na Guiné-Bissau provocou tensões raciais, que ainda hoje estão presentes nas narrativas sobre a composição racial guineense. Conta que, muitas vezes, o chefe do posto que executava as medidas da administração colonial era cabo-verdiano e, para mostrar trabalho feito, obrigava a população a executar trabalho forçado. "Quem é que sabia quem assinava os decretos? Eu, sipai, que estava ali com o chicote, recebia determinadas orientações" — e cumpria-as.

O uso do chicote não é metáfora. Teodora Inácia Gomes, um dos rostos da luta pela libertação, nasceu no Sul, e no sítio onde vivia, Empada, lembra-se de ver as pessoas a serem chicoteadas, a serem agarradas e de lhes baterem até sangrarem, por não pagarem o imposto da palhota.

No intervalo entre reuniões do partido, recebe-nos na biblioteca do PAIGC, ao final do dia. À volta da sala vêem-se imensas fotografias de Amílcar Cabral e de outros líderes da luta, a preto e branco. Imagens com o mato e guerrilheiros em fundo, imagens de reuniões e de celebrações públicas. Diz-nos que "o objectivo principal do colonialismo é explorar o povo" e que no seu tempo "as populações não tinham voz nem direito a nada". "O sipai pressionava as populações para acatar as ordens, obrigava a pagar imposto, a trabalhar nas estradas e nas construções."

A imagem da repressão colonial é repetida nas narrativas sobre a época. Um dos episódios mais referidos da história do século XX guineense é o massacre de Pidjiguiti, em 1959: um grupo de trabalhadores da Casa Gouveia fez greve por melhores salários, e a PIDE disparou sobre eles no porto de Bissau, deixando dezenas de mortos e feridos. O que aconteceu demonstra que a reivindicação da melhoria das condições de vida era negada aos indígenas "por sermos identitariamente subalternos", comenta o sociólogo Miguel de Barros — ou seja, em circunstâncias normais, se aqueles que estavam a reivindicar melhores condições de trabalho fossem "pessoas ditas civilizadas", não teria acontecido o que aconteceu, considera.

Aos 74 anos, Mário Cabral, ex-ministro da Educação da Guiné-Bissau, e membro do *bureau* político do PAIGC, lembra-se do episódio de Pidjiguiti, altura em que as consciências se abriram, criando "um maior sentimento de medo", até porque "começaram a vir [para a Guiné-Bissau] os agentes da PIDE, que vigiavam tudo".

Na altura não havia segregação racial, como na África do Sul, mas notava-se "que todos os pretos eram pobres, viviam em habitações precárias e o nível de vida era diferente — e eram diferentes tanto dos portugueses como dos cabo-verdianos".

Era também óbvia a separação, em certos locais públicos, entre quem tinha acesso ao cinema ou ao café Império, por exemplo.

> Marcou muita gente e muita gente foi para a luta porque se sentiu discriminada no seu próprio país. As discriminações eram feitas a todos os negros, à excepção daqueles que, pelo seu estatuto, conseguiam elevar-se, mas que mesmo assim não tinham acesso a [determinados locais].

ATIRAR CÃES À MÃE NEGRA

Quando andava no colégio Ramalhão, em Sintra, Portugal, Augusta Henriques (n. 1952), fundadora de uma das mais importantes organizações não-governamentais guineenses, a Tiniguena, era uma negra no meio de brancas. Mexiam-lhe no cabelo e faziam perguntas sobre como tinha ficado daquela cor. Não fez uma única amiga nesse tempo. Quando ia de férias para o Norte, o pai guiando o seu Cadillac, havia sempre uma pequena multidão de curiosos atrás, tinham de fechar os vidros do carro: "Olha o preto, olha o preto, olha o preto!", gritavam.

Estávamos nos anos 1960, época de um "Portugal tacanho". E ignorante. A mentalidade dos portugueses na Guiné-Bissau não era muito diferente, e a história da família de Augusta Henriques comprova-o. O avô paterno era português, de Mangualde, e foi para a Guiné com uma namorada que acabaria por morrer. Viria a ter filhos com uma mestiça, a avó de Augusta. Mas depois atiçava-lhe os cães para não a deixar ver os filhos, conta a neta. Era um homem "prepotente" e violento, com quem os filhos acabaram por cortar relações; era o típico colono português a quem "o sistema não impunha limites". A mãe de Augusta era de origem cabo-verdiana.

"O racismo colonial faz parte de uma época. A ultrapassagem da dominação tem de se fazer com o exercício interno de catarse; nós não gostamos de mostrar essa parte de sofrimento porque isso, para nós, seria sinal de fraqueza. Como é que a gente pode perdoar? Não resolvemos as questões de forma profunda."

Estamos no escritório da casa de Augusta Henriques, no bairro Chão de Papel, onde há fotografias da sua família e da família do seu actual companheiro. Nos álbuns que tira de um baú podemos ver as diversas fases da vida familiar, inclusivamente a da altura em que o pai tinha uma propriedade e se dedicava à agricultura, partilhando a sua gestão com a mãe, uma das primeiras "pretas a ter carta de condução" no país.

Augusta recorda também o tempo em que andou num colégio de freiras em Bor, onde as freiras, muitas com baixo nível de instrução, tinham crianças negras ou mulatas ao seu cuidado e onde havia a sensação de que "tudo lhes era permitido".

> Havia castigos corporais incríveis. Lembro-me do caso concreto de uma moça muito bonita que tinha ataques epilépticos; achavam que era o diabo que se tinha apoderado da miúda. Uma das coisas que me ficou marcada foi baterem com a cabeça da miúda no chão, darem uma reguada no sexo dela para lhe "expulsar o diabo do corpo".

Na escola, a discriminação acontecia de forma evidente quando os alunos eram obrigados a aprender de cor os rios e serras de Portugal e pouco ou nada se ensinava sobre o país onde tinham nascido. "Viu alguma montanha [na Guiné-Bissau] para a gente fazer ideia do que era uma montanha, uma serra, um vale?", pergunta retoricamente. "Tínhamos de saber todos os caminhos-de-ferro, capitais de distrito... e tínhamos de os saber em português."

Augusta Henriques é uma mulher expressiva e é com indignação que afirma:

> A história do ensino marcou incrivelmente o que é a Guiné hoje. Foi feita sempre numa língua estrangeira [o português]; foi feita sempre com um referencial que o guineense não conhece, foi feita sempre com um mundo que não é o seu, aonde eu tinha de recorrer à memória, perceber pela astúcia o que é que o outro quer que eu lhe responda. Não o que é certo e errado, mas o que ele espera — e até hoje o guineense tem isto.

Fez o curso no Instituto de Serviço Social de Lisboa, trabalhou no projecto SAAL, de promoção habitacional do pós-25 de Abril, e, quando regressou à Guiné-Bissau depois da revolução, percebeu que afinal tinha tido um país idílico na cabeça. "Vir de férias é uma coisa, viver é outra. Para encontrar o meu canto nesta Guiné... até hoje brigo por ele; porque mais uma vez a minha pele diz que eu sou 'talvez'. Como dizia Pepetela: 'O mulato é talvez.'"

Há várias verdades sobre a questão racial, defende. A sua experiência de mulher mestiça na Guiné-Bissau é a que passa pela ideia de que "'esta é terra de pretos', portanto tens de te adaptar a uma terra de pretos", desabafa.

> Não se fala tanto de pretos mas de africanos, mas quando se fala de africano à frente de um mestiço como se este fosse um elemento de fora... A maior parte do tempo o mestiço tem de provar que é tão

guineense como os pretos. Há pessoas que não falam de preto mas falam de "po di terra", o que tem a raiz 100% africana – quando tem uma pele mais clara, parte-se do princípio de que não é 100% africana. Isto vê-se até em muita malta nova.

VALORIZAR O QUE É OCIDENTAL

Aos 29 anos, Mamadu Baldé é gestor na Academia Ubuntu, uma ONG portuguesa com um ramo em Bissau e que trabalha na área da "liderança servidora" e empreendedorismo social. Encontramo-nos no pequeno escritório da academia, onde estão pintadas frases inspiradoras na parede.

Nascido em Bissorã, estudou numa escola portuguesa durante dois anos. É com a memória desse tempo como pano de fundo que afirma a necessidade de desmistificar o que foi o colonialismo, "que tipo de relação vivemos, que tipo de marcas ficaram".

Na sua geração, os comentários sobre o colonialismo variam muito, entre os que sentem as suas marcas de forma mais forte e os que não se interessam sequer pelo tema.

No escritório da academia, um pequeno espaço no centro de Bissau, Mamadu diz que não acredita na existência de "um colonialismo suave", porque "estamos a falar de uma relação de dominação e de uma relação que chegou ao ponto em que alguém decidiu que estava na altura de lutar contra ela". Há, porém, uma necessidade de se perceber as marcas que ficaram, e ele reconhece influências de ambos os lados:

> A luta pela independência teve muita influência na democratização de Portugal. E não podemos esquecer que a forma como as várias etnias [guineenses] se relacionam entre si tem muito que ver com

> o colonialismo. Não acredito que o colonialismo [português] tenha sido suave ou brando — não permitiu a educação dos nativos; foi sempre muito claro naquilo que era o objectivo de tentar dividir e aproximar alguns para, através disso, manter o poder.

Mamadu acredita que existe uma herança do colonialismo que "pende muito para o racismo".

> Quando dizemos que "vamos civilizar um povo", estamos a partir do princípio de que nada deste povo nos pode servir. Amílcar Cabral pergunta: "Quem são os portugueses para dizer que não somos civilizados?" E acrescenta: "Qual a maior prova de civilização do que um povo que pega em armas para defender a sua liberdade?"

Admira a postura de Cabral em relação ao colonialismo quando defendeu que o inimigo do povo da Guiné-Bissau não eram os portugueses, mas o sistema. "Isso acabou por fazer uma cura e levar a que um guineense hoje não veja o povo português como colonialista, mas como povo irmão", acredita.

Por outro lado, nota que existe "algum paternalismo", que há uma franja da sociedade que gostaria que, no papel de ex-colonizador, Portugal estivesse disposto a ajudar mais o país.

> Não sei se isso é bom. Já é tempo de assumirmos as nossas responsabilidades. O melhor que podemos fazer é dar os passos necessários, fazer aquilo que é da nossa responsabilidade, mas não esperar que alguém nos apoie e nos ensine como andar. Muito embora a história da Guiné-Bissau não possa ser dissociada da história colonial, dos problemas do colonialismo e dos problemas que tivemos no pós-colonialismo.

Defende que os dois países não fazem uma reflexão sobre a questão racial e isso faz falta. Em Portugal, onde se licenciou, lembra que falar de colonialismo era polémico, "havia a ideia de que 'isto foi assim', não vamos discutir". E o "foi assim" era que o colonialismo "foi suave". Porém, para ele não faz sentido haver uma Comunidade de Países de Língua Portuguesa (CPLP) "que não discuta isto", defende.

A ausência de reflexão sobre o sistema colonial e a ideia de que o colonialismo era suave passou para a geração mais nova. Samantha Fernandes, de 25 anos, jurista, lembra-se de que na escola portuguesa onde estudou "pouco era falado sobre a história da Guiné-Bissau". A imagem que era transmitida do colonialismo era a de que os portugueses "foram os descobridores — mas os portugueses, quando chegaram, já existia uma civilização". Hoje analisa que o que era valorizado estava ligado aos valores ocidentais:

> Na altura, os que iam passar as férias a Portugal eram os melhores, os que falavam português eram os mais inteligentes, os que tinham amigos brancos eram os mais importantes, os que comiam bacalhau eram os mais ricos, os que vestiam calças *jeans* eram os mais... Não vejo isso como consequência do colonialismo por si só, mas da globalização em geral.

HIERARQUIAS RACIAIS

Nelvina Barreto nasceu numa posição de privilégio na Guiné-Bissau. Os pais eram funcionários da administração colonial: a mãe, cabo-verdiana, era enfermeira, e o pai trabalhava na conservatória do registo civil. Em 1967, foram transferidos para Moçambique, tinha Nelvina dois anos.

O pai viajou primeiro, e a mãe fez uma paragem em Lisboa com as duas filhas para ir a consultas médicas. Nesse período, contratou uma ama para cuidar das crianças — uma senhora mais velha, branca. Na véspera de embarcar de Lisboa para Moçambique, a mãe ligou ao pai a dizer: "As miúdas estão muito habituadas à ama; eu queria levar a senhora e a senhora está disponível para ir connosco." O pai dela disse: "'Olha que a situação aqui é diferente da Guiné. Aí em Portugal ela é a ama das meninas, ou seja, ela é tua empregada. Quando vocês chegarem aqui, as coisas são bem capazes de se inverter.' Não era bem compreendido que uma branca fosse empregada de uma família de negros." A ama nunca chegou a ir para Moçambique.

Nelvina Barreto acha que na Guiné-Bissau também não teria sido possível, na altura, existir uma ama branca a tomar conta de crianças negras, "pela simples razão de que a relação interétnica e inter-racial se baseava noutras premissas".

Em Moçambique sentiu, porém, a diferença de tratamento simplesmente por ser guineense. Na escola primária pública, a professora da 4.ª classe tratava-a como se pertencesse a "uma espécie de negro de primeira", numa hierarquia em que os negros de segunda eram os de Moçambique.

> Do ponto de vista do branco, nós, da Guiné e de Cabo Verde, éramos privilegiados em relação aos autóctones. Entendiam que tínhamos mais educação — e era verdade, porque quem ia para lá no quadro da administração colonial portuguesa já tinha um determinado nível sociocultural. Naturalmente isto reflectia-se nos filhos, enquanto as outras crianças provinham de ambientes mais modestos. Lembro-me de que a professora estava sempre a mostrar a diferença entre um negro educado e um negro que não tem educação. Quando íamos para o Clube Ferroviário da Beira, éramos

> quatro: eu e três de Moçambique. A professora levava-nos no carro e punha-me sentada ao lado dela. Isto já estabelecia uma hierarquia: "Entre os negros, és a mais educada, a que merece um tratamento mais diferenciado."

Tendo nascido com uns pais politizados que sempre explicaram às filhas o que era a discriminação, Nelvina Barreto cresceu a receber mensagens que desmistificavam e desconstruíam o que lhe era ensinado na escola e no espaço público como sendo o lugar do negro. Seja como for, sempre lhe pareceu que as clivagens raciais na Guiné-Bissau não eram tão grandes como em Moçambique e Angola.

> Mas houve [clivagem] de outra forma, em relação ao cabo-verdiano. Por força da educação e de alguns traços culturais que herdámos, sentimos [alguma discriminação]. O guineense autóctone tem um maior ressentimento em relação ao cabo-verdiano do que em relação ao branco português, porque o cabo-verdiano foi a face visível da repressão portuguesa, era o intermediário do branco.

Leopoldo Amado (n. 1960) é hoje um dos mais conhecidos e respeitados historiadores guineenses e é ele quem afirma que, a partir de determinada altura, a Guiné era um fardo para o sistema colonial português. É uma terra com tradição guerreira que não permitiu que a colonização fosse efectiva e há relatórios que, a dada altura, mostram Portugal a ter mais despesa do que lucros com o país. Portugal só não se desfez da Guiné porque o império colonial era tido como um todo: se a Guiné-Bissau caísse, as restantes colónias tentariam seguir-lhe os passos. Como Portugal tinha muito poucos meios, usou o sistema de "engavetamento étnico": inventou etnias; dividiu para melhor reinar.

> Houve casos em que os portugueses tiveram o desplante de colocar fulas a dirigir manjacos, manjacos a dirigir bijagós, provocando movimentações de etnias com o propósito de os dividir, e colocando sobre eles uma autoridade a que chamavam "Assuntos Indígenas".

Contextualiza o quadro que se vivia, explicando que no colonialismo existiam quatro categorias raciais: os grumetes (permaneciam na tradição, viviam à beira das cidades), os tangomãos (participavam no comércio e eram uma espécie de assimilados), os brancos, e os lançados, os filhos da terra (brancos que nasceram na Guiné-Bissau). "Um dos factores de submissão foi exactamente a interiorização no negro da sua inferioridade pela via da separação", sublinha. Por isso usavam o muro de Bissau, por exemplo.

> Não que os portugueses fossem mais racistas que os outros, mas tinham de utilizar isso como método, a ideia de inferioridade, para levarem avante os seus propósitos. Tudo isso foi feito num ambiente em que os portugueses, eles próprios, assimilavam valores africanos. Os colonos que se deixavam levar pela cultura africana e viviam com os africanos eram considerados "cafre", o termo para classificar as pessoas que tinham degenerado, e eram considerados do ponto de vista religioso como almas perdidas porque se submetiam à forma de estar do africano — aliás, criou-se o termo "cafrealização".

Como estratégia, os portugueses aproximaram-se dos fula, criaram exércitos de fula, de balanta e de outras etnias com o objectivo de acicatar as diferenças. Com o Centro de Estudos da Guiné Portuguesa, criado em 1945, forneciam-se elementos ao poder político para melhor compreender as dinâmicas étnicas.

> O contrário do racismo é exactamente isso, trazer à nossa convivência, viver com eles, permitir que tenham acesso à escola, à saúde, que melhorem as condições de vida. Na Guiné-Bissau isso não aconteceu: as poucas infra-estruturas só foram construídas porque havia necessidade de dar vazão às questões da guerra.

Apesar de tudo, o sistema dava oportunidade de ascensão social a alguns guineenses. O pai de Leopoldo Amado, por exemplo, era director dos correios, posição à qual chegou no final da carreira, "não sem problemas pelo meio", sendo "alvo de discriminação de todo o tipo". A ideia era o sistema colonial usar uma parte ínfima da população como intermediária entre os seus interesses e as populações.

Depois apareceu uma literatura colonial etnográfica para estudar a psique do negro, adianta o historiador.

> O negro praticava a gula, o pecado dos cristãos, logo, era preciso civilizá-lo. O negro é um ente que tem uma potência sexual acima da média, quase boçal, quase um animal, que tem atitudes animalescas. Todas estas ideias foram reproduzidas nesta literatura colonial. Reproduziu-se também a ideia de que o negro é um irresponsável, propenso à bebedeira; no caso das mulheres, são lascivas, têm propensão para a promiscuidade sexual, vivem na degenerescência moral. A par de tudo quanto era racismo, criava-se uma ideologia para poderem continuar com a empresa da colonização.

A teoria do lusotropicalismo tem, para Leopoldo Amado, "algum substrato" porque "há uma maneira particular de ser português": mas "isso não isenta de maneira nenhuma o ser racista".

> Salazar e Marcelo precisavam de uma teoria como a de Gilberto Freyre. A tese de Salazar era a de que havia portugueses de outra cor, mas isto era para consumo externo, porque entre os portugueses de outra cor existia o trabalho forçado, o sistema que substituiu a escravatura.

Afirma que estes mitos prejudicam ainda hoje a relação entre portugueses e guineenses. Passados todos estes anos, com distanciamento histórico, é hora de o revelar:

> Tenho uma relação especial com Portugal e com os portugueses, mas isso não pode ofuscar-me ao ponto de não admitir que o sistema colonial português tenha cometido atrocidades ou tenha sido um sistema racista em todos os sentidos. A elite académica continua a reproduzir a ideia de que há uma particularidade da colonização portuguesa, que tiveram uma colonização mais branda, etc. Mesmo em Portugal há a ideia de que é um país de brandos costumes. Brandos costumes para quem?

DIVIDIR PARA REINAR

Quem for à Guiné-Bissau acabará por conhecer Miguel de Barros. É o anfitrião de quem todos ouviram falar. Em 40 minutos, este sociólogo dá-nos uma aula sobre a Guiné-Bissau de hoje e de ontem, explicando que as transformações sociais de agora são marcadas pelas dinâmicas de segregação que serviram a estrutura colonial.

A geração de Miguel de Barros (n. 1980) é descendente de pais que não nasceram em Bissau mas em várias partes do país, nota o sociólogo. Esses cruzamentos fazem com que as suas "identidades sejam menos sectárias" e com que tenham um "maior nível de hibridismo" do que a geração anterior.

> O meu pai nasceu no Sul, de família já mista; a minha mãe nasceu no Leste, de uma família já mista com o cruzamento de catolicismo e de crioulização de matrizes de raiz africana, e outra parte islamizada... Portanto, qual é a minha etnia? A minha etnia é a minha nacionalidade, e a minha nacionalidade é a guineense. Esse nível de pertença está a contribuir cada vez mais para a superação criada desde a administração colonial. A presença colonial foi um elemento decisivo: se por um lado cristalizou essa diferenciação entre as diferentes manifestações etnoculturais, por outro alertou para a consciência da integração dos que hoje compõem o mosaico etnocultural da Guiné-Bissau.

O sistema colonial trabalhou a divisão étnica em vários momentos, explica o sociólogo. Num primeiro, durante a instalação da administração colonial, houve uma integração das etnias que considerava mais próximas à sua cultura, uma classe média mista que teve acesso à estrutura administrativa colonial.

Num segundo momento, mais crítico, usou a diferenciação para instigar a desconfiança e a luta no seio do próprio movimento de libertação, "em função daqueles que eram cabo-verdianos, aqueles que eram considerados crioulos ou detentores de alguma civilidade", continua.

> Isto [continuou] com a liberalização política, em que os partidos exacerbaram a condição da pertença étnica, regional, local, para ganharem o seu espaço de protagonismo na arena pública. Esse elemento fez com que a questão étnica, que já estava a ser superada, voltasse com carga muito mais forte e mais perigosa. Há uma designação daqueles que são da praça e daqueles que são da tabanca, do campo; essa dicotomia foi algo implementado durante a vigência

colonial, mas, quando o partido libertador ascendeu ao poder, não conseguiu superar essa dicotomia.

Sublinha ainda que, com a independência, o país foi confrontado com uma necessidade: como conseguir afirmar a ideia de um novo Estado sem a memória da presença colonial?

COMBATER AO LADO DOS PORTUGUESES

Durante a sua infância em Bissau, Deolinda Mendes, 57 anos, conviveu com portugueses. O pai era funcionário público, a mãe, doméstica, ambos assimilados; nem um nem outro conheceram o regime do indigenato, e essa era "a questão fundamental": "Costumo dizer que indígenas somos todos, depende se era o avô ou o pai", comenta na sala de sua casa, em Bissau.

Sentamo-nos no sofá ao lado de uma mesa redonda onde estão espalhadas fotografias da família. Da cozinha vem o cheiro do almoço a abrir o apetite. Podíamos, de facto, estar numa casa portuguesa. Na verdade, Deolinda Mendes passou muitos anos fora: viveu nos Estados Unidos, onde estudou Sociologia, viveu também em Portugal, e regressou definitivamente à Guiné-Bissau há nove anos. "Os valores do colono eram os ocidentais, e quem vai socializar a criança vai socializar dentro desses valores. Lembro-me de que o meu pai nunca falou crioulo, para ele era o expoente máximo. Agora acho que isso era o extremo da assimilação."

Só mais tarde é que percebeu que tinha sido privilegiada — na época, interagia com iguais, as turmas da escola eram normalmente compostas por filhos de funcionários públicos, alguns filhos de portugueses, outros, assimilados. "Vimos de fora a discriminação.

Havia diferença de tratamento, claro. Mas entre vizinhos, entre os filhos dos colegas de trabalho, não havia."

Deolinda sabe, hoje, que na sua classe a discriminação acontecia em termos de promoções, mas não existia uma discriminação aberta. "Os nossos pais foram claramente discriminados." Depois eram induzidos a ter a atitude do "és melhor, então também não deixes que os teus filhos se misturem com o pior" — os indígenas. Havia pais que mandavam educar os filhos com famílias de assimilados, para lhes ensinar o que "era suposto ser o normal, o melhor, que era ser ocidental — imitar, na maneira de ser e de estar, os valores dos portugueses". Mas o pai de Deolinda tinha claramente a noção de uma injustiça: de não ter podido "desenvolver o seu potencial por ser negro".

Olhando para trás, identifica um regime colonial racista na Guiné-Bissau, algo "encoberto", em que se filtrava o acesso às promoções, por exemplo. "A justiça não era cega. Se houvesse injustiça, o povo não se podia queixar. Havia castigos, muitos castigos, muita prepotência. Havia trabalho de escravatura; lembro-me de em pequenina ver isso. Moía-me por dentro." Deixou marcas em muitas pessoas, visíveis ainda hoje.

Fundado em 1956 com o objectivo de autonomizar a Guiné-Bissau e Cabo Verde do império colonial português, o PAIGC iniciou um processo de luta pela independência. Durante a guerra entre colonizadores e colonizados, o exército português tenta captar guineenses para o seu lado.

O pai da procuradora Manuela Lopes Mendes, investigadora na organização não-governamental Voz di Povo, foi tropa colonial: combateu ao lado dos portugueses. "A família aceitou, não houve retaliação; mas os que estiveram ao lado dos portugueses foram considerados traidores. Nunca questionei o meu pai por isso, nem me indignou porque foram tantos os casos", comenta.

Manuela tem hoje a imagem do colonialismo como "o todo-poderoso", que "chega junto de um povo, demonstra superioridade, tenta impor os seus valores e cultura — é a imagem de um dominador". "A Guiné-Bissau era uma província ultramarina portuguesa, até hoje temos leis portuguesas extensíveis" ao país.

Duvida que o pai tenha tido uma visão negativa do colonialismo, ao contrário dela, que identifica claramente traços de racismo — "o tratamento não era igualitário", define. "O racismo também pode ser explicado em termos económicos e culturais: 'Não é igual a mim, é um povo inferior que tem uma cultura diferente.'"

O pai de Manuela não foi, de todo, um caso raro. Idrissa Djalo, líder do Partido de Unidade Nacional, é filho de um homem que combateu contra os portugueses, mas neto de outro que fazia parte do sistema colonial — e que viu todos os seus filhos lutarem pela independência.

Esse avô foi dos que encontraram realização pessoal no sistema, como muitos guineenses na altura. Era um homem lúcido, descreve hoje o neto, "sabia que o futuro era a independência".

> A mim, dizia: "O meu mundo é o mundo colonial, o mundo dos meus filhos é o das independências, mas não tenho a certeza de que o mundo deles será melhor." Falámos muito daqueles que estavam do lado dos portugueses e que sofreram represálias por isso — os fula e manjaco. As pessoas eram estigmatizadas como traidores da pátria. Porque a guerra foi também interna, entre uma parte da população ao lado do sistema colonial, e outra ao lado do PAIGC.

Hoje com 53 anos, Idrissa Djalo lembra que o avô foi uma "figura importante da comunidade tribal dos fulas porque era dos poucos que tinham educação e que podiam ajudar a comunidade". Foi usado pela administração colonial, como tantos, para servir de interface entre ela e o seu grupo étnico. "Os balantas estavam, em grande parte, ao lado do PAIGC. Spínola apostava num outro grupo étnico importante, que eram os fula e manjaco, para criar um contrapoder." Essa aposta explica o acesso a uma educação completa que foi concedido aos fula. O avô de Idrissa foi dos primeiros a levar membros da comunidade muçulmana a Meca com apoio da administração colonial portuguesa.

SER SUPERIOR, EVANGELIZAR

Nascido em 1978, António Spencer Embaló acha difícil alguém da sua geração ser pró-colonialismo, mas admite que, na geração do pai, isso ainda acontece. O PAIGC fez promessas que não cumpriu, o país anda politicamente às avessas. O pai diz que é português e fala com saudosismo desse tempo em que havia uma certa disciplina. "São frutos daquela época: nasceram portugueses. Pode dizer-se que eram portugueses de segunda, de terceira ou de quinta, mas eram portugueses."

Na família havia quem fosse "muito pró-PAIGC", e quem fosse próximo dos portugueses mas que olha para o colonialismo como "algo preconceituoso e etnocêntrico". Diz: "Há por trás uma ideia de superioridade racial. Em determinado momento, [essa ideia] foi absolutamente vincada: 'Somos superiores e queremos mostrar como é que se faz, como é que se veste, como é que se come, etc.'"

Na sala de sua casa no Bairro da Ajuda está a figura de Amílcar Cabral em desenho. Cita o líder africano, que dizia que "o problema está no colono que nos retira liberdade cultural" e por isso defendia que "a nossa luta era fundamentalmente uma luta cultural", pela identidade.

António não hesita em classificar o regime colonial como racista:

> Se assim não fosse, não vejo porquê privilegiar determinada camada para se instruir em detrimento de outra camada. Porque se criou um liceu em Cabo Verde e não na Guiné? Em Cabo Verde houve muita mistura, muitos filhos de europeus e de africanos. Eram mais próximos porque eram "nossos filhos". Era mais fácil lidar com a ideia de instruir onde provavelmente a revolta não era tão forte, mas essa era uma divisão com base em quê? Os ideais do colonialismo são iguais aos do nazismo, é uma ideia de superioridade de raça: somos superiores, por isso vamos evangelizar.

O regime colonial português era "profundamente racista", afirma, com convicção, Dautarin da Costa, "porque partiu de uma premissa óbvia de superioridade dos europeus, dos brancos em relação aos africanos, ao preto", continua.

> Para haver dominação, é preciso uma condição fundamental, o dominado tem de acreditar que o dominador é realmente mais forte, que é inferior ao dominador. É muito mais difícil ganhar independência desse pensamento do que conquistar a independência ou a liberdade. Mudar o esquema mental é muito mais poderoso porque o dominado é o reprodutor da sua própria condição, e o dominador domina tanto que já nem precisa de estar muito presente no processo de dominação, aquilo já está no esquema mental do dominado.

A ideia de que o colonialismo português foi mais brando é veiculada desde o ensino básico. Isso é "uma falácia".

> Como qualquer outro sistema, o colonialismo português sub-humanizou, subalternizou e brutalizou pessoas em nome de uma ideia de superioridade; independentemente das estratégias usadas, é mau. E é mau de tal maneira que tem influência até no nosso processo de desenvolvimento hoje em dia.

Se é verdade que existiu interacção com os indígenas, e mestiçagem por causa disso, isso não significa que o regime tenha sido menos racista, defende Nelvina Barreto. Houve, sim, a predominância de um tom paternalista, considera, "no sentido de que 'estes coitadinhos não sabem pensar, não têm educação, não têm nada'. Enquanto o colono francês e inglês tinha uma percepção diferente: 'Vamos dar condições, escolas e etc., mas eles que fiquem confinados, sem haver interacção.'"

Portugal tem uma visão superficial e fragmentada da sua história colonial, e é necessário perceber que teve políticas, intervenções e vivências diversas nas suas diferentes colónias.

> A tendência é para se pensar que foi igual porque se fica na superfície. A colonização portuguesa não foi igual em todas as suas colónias. É isto que é necessário que Portugal esteja disposto a compreender melhor.

"O racismo português foi violento", conclui, por seu lado, Augusta Henriques, mas "medir intensidades de violência é uma calculadora que não existe", afirma.

Sou fruto disso: o meu avô era português e um grande colono. Levei um tempo a fazer esse trabalho comigo mesma. Tenho poder suficiente para exercer essa opressão. Portanto, é um desafio para cada um de nós. O que nos dá o direito de oprimir o outro?

NA ROTA DA ESCRAVATURA NA GUINÉ-BISSAU

Quando se chega ao porto de Cacheu no Noroeste da Guiné-Bissau, avistam-se poucas pessoas nas ruas mas muitas crianças a brincar no pontão que entra pelo rio Cacheu adentro. Chove, chuva intermitente de Setembro, e a cidade está cinzenta. Há um café-restaurante que serve uma ou outra refeição, mas parece abandonado. Um grupo de homens partilha um peixe. Esta cidade — que chegou a ser capital da Guiné-Bissau e que fez parte da zona dependente de Cabo Verde até ser criada a Guiné Portuguesa, em 1879 — serviu de emissora de escravos. Para isso foi até criada a Companhia de Cacheu, no século XVII.

Cacheu é um dos pontos que os portugueses escolheram para fazer comércio ao longo da costa africana, trocando ou vendendo os seus produtos. Tornou-se dos principais portos "em termos de resgate de escravos", afirma o historiador Leopoldo Amado.

A partir de Cacheu controlava-se o negócio das zonas vizinhas — e todas elas contribuíram para que o comércio dos escravos florescesse, continua o historiador. Era em Cacheu que vivia o capitão-mor e os comerciantes portugueses, situação que se manteve praticamente durante todos os anos que durou a escravatura. O resgate efectuava-se em Cacheu e noutros pontos criados para favorecer o negócio. Os portugueses traziam barras de ferro, tecidos, bugigangas e, mais tarde, álcool. Em contrapartida, recebiam escravos, pimenta e couro.

Para esse comércio havia intermediários entre os armadores e os régulos africanos. Eram os grandes comerciantes que residiam em Cacheu e que aí operavam, no quadro dos privilégios régios concedidos aos moradores de Cabo Verde. Ali viviam também os lançados — homens brancos, "alguns deles de origem judia", que, à revelia das autoridades da época, funcionavam como intermediários, por serem perseguidos na Europa ou condenados. Acabavam, assim, por encontrar forma de ganhar a vida através do comércio de escravos. É, pois, neste quadro que, quer os capitães-mores, quer os poderosos comerciantes, se queixavam muito dos lançados, com quem eram obrigados a dividir os dividendos do comércio.

Aliás, não eram os moradores portugueses de Cacheu que iam capturar escravos, continua.

> As pessoas eram escravizadas porque tinham sido presas numa guerra, eram de castas inferiores, tinham dívidas que não podiam pagar. Os reis locais e as elites africanas da altura comercializavam directamente com os moradores ou através dos lançados. Os comerciantes, por sua vez, comercializavam também com os negreiros.

Na época, o nome "lançado" estava ligado "ao indivíduo que se vende a si próprio, sem moral, descaracterizado e que conseguia viver nas matas, no sertão". "Há relatos de esses indivíduos ficarem completamente cafrealizados (africanizados), facilitando um maior lucro com este negócio."

Os guineenses comercializavam com negreiros portugueses e de outras nacionalidades, mesmo quando a lei régia o proibia.

Logo, existia uma constante tensão entre os moradores e as autoridades.

> Era um negócio rentável. [Os escravos] valiam algum dinheiro. Eram ladinizados em Cabo Verde, por via de regra; depois eram transportados para as Índias Ocidentais, onde valiam muito mais. Em Cacheu houve uma ténue ladinização, pois também se comercializavam directamente escravos com os armadores estrangeiros.

O aparecimento das grandes companhias de navegação e comércio — entre as quais a Companhia de Cacheu e Rios de Guiné (1676), a Companhia de Cabo Verde e Cacheu (1690) e a Companhia do Grão-Pará e Maranhão (1755) —, que obtiveram todas o exclusivo do comércio desta região, "contribuiu igualmente para a decadência das ilhas de Cabo Verde", conclui Leopoldo Amado.

Um dos locais em que se fazia a ladinização era na Igreja de Nossa Senhora da Natividade, do século XVI, considerada a primeira igreja portuguesa erigida na costa ocidental africana. Ficou danificada no século XVII devido a cheias no rio e já foi reabilitada várias vezes, segundo Leopoldo Amado, mas hoje em dia está bem conservada. É um ponto de peregrinação dos católicos da Guiné-Bissau. "Chegou-se a converter 600 a 800 africanos aqui num dia", afirma o historiador.

Houve um período de muita fome em Cacheu, e a maior parte dos escravos morreu por falta de alimentos e por doença. Algumas vozes em Cacheu criticaram os comerciantes dizendo que maltratavam os escravos.

> Mandaram uma representação à coroa queixar-se. O que prevalecia era a ideia de lucro. Os esclavagistas criaram toda uma teoria de que

> era preciso primeiro cristianizar, salvar a alma, e salvando a alma se justificava tudo o resto. Aos olhos da época, isto amenizava os maus-tratos e outras coisas que pudessem ser moralmente condenáveis.

As ruas em Cacheu são hoje feitas de terra encarnada e muitas das casas baixas têm uma arquitectura de estilo colonial. Algumas são do século XVI e XVII, edifícios "pomposos para a altura", como nota o historiador. Isso demonstra a riqueza que existia na cidade. "Os comerciantes são poderosos, têm bastantes posses e dão-se ao luxo de contrapor o capitão-mor, autoridade máxima da coroa portuguesa", continua o historiador. Há relatos de que alguns moradores tinham as suas próprias peças para se defenderem e que andavam constantemente de costas voltadas para o capitão-mor. No entanto, a Revolução Francesa defendera os conceitos de liberdade, igualdade e fraternidade entre os homens e as transformações industriais dos séculos XVIII e XIX condicionaram positivamente o movimento antiesclavagista, afirma.

> Esse comércio diminuiu, até acabar na segunda metade do século XIX, altura em que Portugal tentou reorganizar a economia da Guiné recorrendo aos produtos tropicais, sobretudo ao óleo de palma e ao amendoim. É nesse sentido que costumo dizer que Cacheu é, hoje em dia, uma sombra de si própria, ou seja, fruto de um ciclo de comércio de escravos que se encerrou, e que apenas sobrevive pela grandeza desse passado.

Leopoldo Amado lembra que a Guiné-Bissau foi uma colónia de exploração, não de fixação. Era um território que alimentava o comércio de escravos de Cabo Verde, e o arquipélago prosperou devido ao comércio que dali saiu. Os portugueses estiveram no país através da administração, mas nunca houve uma "política de conquista e fixação na medida em que o desempenho económico de África era mínimo (ao contrário do que acontecia com o Brasil e o Oriente) e a resistência dos povos africanos ao avanço europeu também contribuía para a fraca ocupação do terreno", lembra. Por isso, "os portugueses tiveram imensas dificuldades em se estabelecerem nesses pontos". Portugal "nunca conseguiu" ter o "domínio exclusivo" do comércio de escravos "destes rios da Guiné". "Era preciso criar um forte para dissuadir as investidas dos espanhóis, franceses, e mesmo holandeses."

Os moradores eram constantemente assaltados e a guarnição portuguesa era insuficiente para fazer face às investidas de outras potências coloniais: assim se criou o Forte de Cacheu em finais do século XVIII. Situado mesmo à beira do rio Cacheu, e hoje ostentando estátuas de várias figuras históricas trazidas de outros locais, como a de Honório Barreto, governador da Guiné-Bissau, o forte ainda mantém os canhões apontados para vários lados, e para o rio.

Lá dentro, neste pequeno quadrado, cresceu o capim. "O forte era para ser mais robusto", lembra o historiador.

> Começou a ser concebido depois de 1640 porque a coroa tinha problemas financeiros. Foi nomeado o capitão-mor chamado Gambôa [de Ayalla] que tinha como missão principal construir este forte porque era fundamental para defender as posições portuguesas e proteger os moradores.

A construção passou inclusivamente por casos de corrupção e desvios de dinheiro, que não permitiram que fosse edificado na devida altura, revela.

> De qualquer forma nota-se que o local escolhido tem um ângulo para poder fazer face a investidas marítimas de outras potências coloniais, quer a montante, quer a jusante do rio. Mas é também um forte com canhões virados para a povoação, fazendo antever a possibilidade de as autoridades portuguesas serem atacadas pelos africanos. Isto acontecia amiúde, e os africanos chegavam ao ponto de humilhar e exigir tributos aos moradores.

No entanto, em geral, o forte conseguiu dissuadir várias investidas e permitiu que o resgate de escravos pudesse florescer: Leopoldo Amado julga que se chegou a cerca de 3 mil escravos por ano.

> Se considerarmos que esse resgate durou cerca de três séculos, estaremos em condições de dizer que este forte permitiu que pudessem sair cerca de um milhão de escravos de Cacheu e de povoações vizinhas. Por isso, a importância de Cacheu sobreviveu até aos nossos dias através da história lendária das suas grandes famílias que prosperaram e se multiplicaram.

3
CABO VERDE

"SER AFRICANO EM CABO VERDE É UM TABU"

Jorge Andrade só fala crioulo. Sabe português mas escolhe a língua cabo-verdiana como meio de comunicação para afirmar a sua africanidade e marcar a distância do passado colonial. "O crioulo é uma arma de intervenção", explica no estúdio da Rádio de Cabo Verde, onde dirige o único programa de rádio que fala das questões africanas. "A nossa capacidade de perceber, comunicar, pensar, sonhar é toda em crioulo. A gente sente-se livre quando se expressa em crioulo, e sente-se oprimido quando fala a língua dos colonos."

Clarificando, Jorge Andrade não é contra Portugal, nem contra os portugueses ou contra a língua portuguesa — é contra o imperialismo cultural europeu "sobre África e os africanos". Nem sequer tem problemas em falar português. Porém, sempre que pode escolhe usar o crioulo. Sempre que consegue, força os portugueses a tentar ouvir e falar em crioulo.

É uma figura carismática e isso percebe-se pela forma como chega ao bairro Ponta d'Água em Junho de 2015, como se senta em plena rua em frente a um grupo de jovens e fala das questões raciais qual pastor a espalhar uma mensagem, cheio de convicção e de fé. É um homem que não está com meias palavras para dizer o que pensa. Tem umas longas rastas, presas numa espécie de barrete branco que lhe cai sobre a camisa branca e gravata escura.

Talvez por sabermos que viveu vários anos nos Estados Unidos, ao vê-lo em conversa com os jovens do bairro lembramo-nos de figuras como Martin Luther King. Mais facilmente recorre a uma palavra em inglês do que em português para explicar o que pensa. O grupo de cerca de dez jovens olha-o e ouve-o atentamente. A noite vai caindo, mas nem por isso há desmobilização ou desinteresse — pelo contrário, a conversa aquece à medida que mais gente se junta no passeio. "O interessante é que os africanos que estão fora do continente têm mais conhecimento sobre África do que nós que estamos cá", comenta. "O nosso conhecimento de África é quase nulo", lamenta, quando fala para os jovens. "A presença de África dentro da Bíblia, por exemplo, como é?"

Jorge Andrade falará do papel da religião e das novas igrejas, que ficarão mais lotadas se não se conseguir passar a cultura africana aos jovens, acredita. "Se África é uma religião, eu sou um pastor", comenta. "Mas cada um é pastor da sua própria consciência."

A missão diária de Jorge Andrade, que anda de bairro em bairro de forma discreta, é espalhar a palavra sobre a africanidade entre os jovens que têm sido bombardeados com imagens miserabilistas de um continente onde já tinha existido uma história antes de os europeus lá chegarem.

Aparece uma mulher no grupo, Keyla. Vem aprender sobre África e pan-africanismo, algo que não se ensina na escola. Tosh, de 35 anos, explica que acha interessante o ensino e a narrativa oficial que desde cedo transmite a ideia de que os cabo-verdianos são diferentes dos "irmãos da costa ocidental". Colocados em postos de chefia noutras colónias pelos portugueses, "até hoje os cabo-verdianos acham que não são africanos, que são mais inteligentes, mais sábios do que os irmãos que estão no continente". Segundo ele:

> [Isso] veio desde a colonização, foi-nos incutida essa ideia. Hoje está a repercutir-se na nossa sociedade. Temos um grande problema de identidade. Mesmo que a história o mostre, o cabo-verdiano rejeita porque está no nosso ADN desde a colonização. Essa é a sociedade que temos, uma autêntica confusão.

Tem havido ao longo dos anos várias definições de Cabo Verde como um país que não está nem em África nem na Europa. Muitos dos próprios cabo-verdianos incorporaram este conceito, ao ponto de essa ambiguidade fazer parte da definição de identidade descrita por alguns. Com isso vem a questão da mestiçagem, que Jorge Andrade define como "uma violência": "Na hora em que se pensa em mestiçagem, pensa-se automaticamente em violação sexual" de uma africana por um europeu. "Na nossa cor de pele, é constante a lembrança do impacto do colonialismo e da escravatura", afirma.

Uma das bandeiras de Jorge Andrade é o ensino da história de Cabo Verde antes da chegada dos europeus a África: "África tinha milénios de civilizações grandes e fortes", contextualiza.

> Essa é uma falha grave, Cabo Verde fala da sua identidade a partir da chegada dos europeus. Como é que um povo pode construir a sua história num acto de degeneração? Nunca um cabo-verdiano se pode sentir livre quando a sua história começa com a escravatura — fica com uma crise de identidade quando pergunta: "quem sou eu?" Um pequeno exemplo: havia o império do Mali, séculos antes da chegada de portugueses; África teve a sua renascença antes, com o Egipto.

Jorge Andrade não tem dúvidas de que a distanciação que os cabo-verdianos fazem de África é uma questão racial. "Enquanto houver supremacia branca, todas as coisas estão confundidas."

Ele define-se como um afro-cabo-verdiano. Lembra que no arquipélago há sangue do Senegal, Gâmbia, Mali, Guiné-Bissau — a mistura não é apenas entre Cabo Verde e a Europa. Acha determinante transmitir histórias da história aos jovens cabo-verdianos para repor uma versão que geralmente é silenciada — e para elevar a auto-estima, para os encorajar a levantar a cabeça.

"Somos africanos, obviamente. Mas, na prática, qual foi a política aplicada desde 1975 em defesa dos interesses africanos? Nenhuma. O Ministério da Educação, que modelo de educação tem?" Defende que as referências, da Saúde ao Direito, vêm todas de Portugal — e que as soluções não são, nem podem ser, as mesmas, porque os problemas africanos são diferentes dos europeus.

A ambiguidade é tal que um cabo-verdiano chega a uma agência de viagens na Praia, a capital, na ilha de Santiago, e só vê pacotes turísticos para a Europa — "nem um para África", acusa. "Sabe que não havia mapas de África em nenhuma livraria em Cabo Verde? Como é possível, num país que é um exemplo de democracia, não ter um só mapa de África?"

A projecção que os europeus fazem sobre o africano, o domínio económico, social, político e cultural que exerce influência e determina a capacidade de desenvolvimento ou de subdesenvolvimento com base na raça é o que significa para ele o racismo.

> Malcolm X dizia: "Quem vos ensinou a odiar a cor da vossa pele? Quem ensinou a odiar o formato do vosso nariz, da vossa boca, da textura do vosso cabelo? Foi o mesmo homem que quer continuar a ter domínio sobre vocês."

A ambiguidade cabo-verdiana foi produzida e alimentada pelos portugueses — até hoje. Em 1822, todos os habitantes do império colonial português passaram a ser considerados seus cidadãos; o estatuto do indigenato foi aplicado até aos anos 1960 em Angola, Moçambique e Guiné-Bissau — era indígena a maioria da população nativa, à excepção dos assimilados, que tinham de cumprir determinados requisitos como comer à mesa com garfo e faca e falar português. Porém, foi reconhecido um estatuto especial a Cabo Verde pela "maior mestiçagem e proximidade de Portugal" e, em 1947, os cabo-verdianos seriam reconhecidos como cidadãos portueses. Foram também enviados para a Guiné-Bissau, para fazerem parte da administração colonial. Por outro lado, assumiram o papel inverso nas roças de São Tomé e Príncipe, para onde foram fazer trabalho forçado quase até à independência. Esta é, porém, uma narrativa bastante silenciada na história cabo-verdiana.

Como escreve António Tomás na biografia sobre Amílcar Cabral, *O Fazedor de Utopias*, "as várias administrações portuguesas nunca souberam claramente o que fazer de Cabo Verde".

> Enquanto a Guiné, Angola e Moçambique eram inequivocamente colónias de indigenato, Cabo Verde era um caso à parte. Os seus naturais eram civilizados e o arquipélago, legalmente, estava a meio caminho entre a colónia e a região adjacente, como a Madeira e os Açores. E era mais por razões logísticas do que políticas que nunca tinha sido dotado de um estatuto semelhante ao das ilhas portuguesas do Atlântico.

ÁFRICA TATUADA NO BRAÇO

Edson Liver, 23 anos, tem o mapa de África tatuado no braço. Está a estudar Ciências da Educação e quer pôr os assuntos africanos

nos currículos escolares. É sábado, mas dia de actividades na Universidade de Cabo Verde, e Edson fala-nos da sua paixão pela africanidade ao som da música que vem do pátio. Tem ido a reuniões com Jorge Andrade. Em muitos pontos, o seu discurso cruza-se com o dele. "Foi através dele que hoje reconheço a nossa história. A única rádio que tem um programa africanista é a RCV+. A única!"

Aliás, fez a tatuagem depois desse despertar. "Os conteúdos que estudámos na escola eram sobretudo europeus. Precisamos de afirmar a nossa identidade. Somos africanos geográfica e politicamente, mas não temos a base para nos reconhecermos como tal", explica sobre a tatuagem que fez. Sente que na sua geração há um desinteresse por essa vertente da identidade cabo-verdiana. Não se fala do herói da independência Amílcar Cabral e de outros heróis nacionais como ele acha que se deveria falar; a consciencialização dessa africanidade é o trabalho mais complicado, reconhece.

Aos 24 anos e licenciada em Ciências Sociais, Evandra Moreira é estagiária no Instituto Cabo-Verdiano para Igualdade e Equidade de Género e trabalha como assistente de pesquisa. Também ela tem consciência de que existem problemas raciais e, apesar de considerar que não há racismo em Cabo Verde, a verdade é que se apercebe de que os cabo-verdianos têm atitudes de discriminação para com os africanos continentais. "A forma como tratamos os europeus e os irmãos africanos é diferente", observa.

A valorização do que é ocidental e a desvalorização do que é africano nota-se na forma como os cabo-verdianos se vestem, se penteiam — tudo remete para o Ocidente. "Até na forma de falarmos. Não nos preocupamos com as línguas das vizinhanças, é indiferente os pratos típicos, não nos preocupamos em ter relações de proximidade com os países africanos, mas queremos abraçar o que vem de fora e ter relações com a União Europeia, o Brasil, a América...", critica.

Preocupa-a a linguagem usada, por exemplo, para elogiar mulheres — "é preta mas é bonita". Evandra defende que, ainda que seja comum as pessoas dizerem que não são racistas, a prática revela outra realidade. Um exemplo, que presencia na rua, é que um turista, só porque é de pele escura, não é considerado turista; um turista, no imaginário nacional, tem de ter pele clara e cabelo comprido e liso.

BANIDOS DO TESTAMENTO

O historiador António Leão Correia e Silva (n. 1963), ministro do Ensino Superior, Ciência e Inovação, tem uma visão mais optimista de Cabo Verde, como nos conta em 2015: "É das poucas sociedades de passado colonial, de passado escravocrata, que conseguiu desmontar, desconflituar a questão racial", segundo ele. "Ninguém tem mais ou menos chances de ascensão social ou profissional ou política por ter a pele mais clara ou mais escura", defende. Não existe na sociedade cabo-verdiana uma questão racial, o que não quer dizer que não existam resquícios disso. De uma pessoa bem-sucedida diz-se que se tornou branca, por exemplo. "O branco ficou como metáfora do sucesso."

Apesar disso, defende que o mito lusotropicalista de que a colonização portuguesa é integradora e nela a "questão racial se diluiu" não é rigoroso "à luz de uma análise histórica". "O racismo é uma ideologia oficial portuguesa e a mestiçagem foi combatida como política de Estado."

Sendo também um dos autores da *História Geral de Cabo Verde*, Correia e Silva estudou vários testamentos de morgados, e nesses documentos notou "uma clara hierarquia entre filhos".

> A ideia era passar ao filho varão, legítimo e branco. Quando eram as mulheres a herdar, a questão era mais tensa — porque a defesa da mulher é a defesa da pureza racial; o homem pode ter filhos [com as indígenas], mas ficam na sanzala. Achava piada porque, em muitos testamentos, quando a mulher herdava, havia uma cláusula quase obrigatória — se casar com um homem preto, fica deserdada. A defesa da raça era uma coisa importante, porque a raça adquiria um valor simbólico.

A sociedade era contraditória, mas não se pode dizer que, por causa disso, "como alguns querem concluir, não tivesse uma ideologia racista: tinha". Por outro lado, em alguns momentos, a mestiçagem foi uma estratégia de ascensão social. Durante o período da escravatura dizia-se que "a mulher que tinha paciência seduziria o branco para ter um filho, porque na escravatura o filho mestiço era um passo para a alforria — libertação do escravo — e, em casos mais raros, para o filho ser legitimado".

Desenvolve: a partir do século XVII, Cabo Verde deixou de ser um centro atlântico de distribuição comercial de mercadorias e de ter capacidade para atrair novos brancos. Os brancos foram tendo filhos mulatos, e "esses mulatos vão assumindo poder": "Fala-se da ascensão do mulato, da ascensão do negro: não é sanzala que se torna casa grande, [o que acontece] é o abatimento da casa grande."

Porém, o nacionalismo cabo-verdiano não apareceu por causa da questão racial, acredita. A reivindicação da independência ligou-se a uma especificidade cultural do arquipélago, que não estava a ser valorizada no quadro do império, defende. A geração do escritor Eugénio Tavares (1867-1930) acreditava num Portugal unitário, não num Portugal e suas colónias separadas. Essa geração "queria que o acesso aos cargos públicos não fosse objecto de discriminação pelo lugar de nascimento, pela raça". A paridade tinha como fim desracializar — "também tinha os seus aliados metropolitanos que defendiam o acesso à escola". O historiador acrescenta:

> A revolução de 1822 prometeu isso, quando veio a república de 1910 promete-se isso e vive-se em Cabo Verde um grande entusiasmo. Criou a ideia na elite de que ela era capaz. Como teve acesso à educação e como a sociedade se convence de que o capital escolar como acesso ao cargo público era muito mais seguro do que um investimento fundiário, a reivindicação pelo acesso à escola politiza-se muito cedo.

A sociedade é essencialmente crioula mas compósita, conclui o ministro.

> Às vezes, olhando da África continental, eles acham que Cabo Verde é demasiadamente euro-atlântico para ser África; olhando da Europa, é demasiadamente negro-africano para ser Europa. Talvez seja todas as coisas, talvez haja várias componentes, mas é uma África de fronteira.

O MITO DA MESTIÇAGEM

Há, porém, assimetrias regionais. Hoje, o senso comum atribui uma identidade imaginada à ilha de Santiago como aquela onde a população apresenta mais traços do continente africano, enquanto nas ilhas do Barlavento a população é vista como a mais intelectual, mais culta, mais próxima da Europa:

os sampadjudo, de tez mais clara, são os naturais das ilhas do Barlavento; e os badio, de pele mais escura, de Santiago.

Há um contexto histórico para isso. Por exemplo, São Vicente, uma das cinco ilhas habitadas do Barlavento e considerada culturalmente a mais próxima da Europa, só seria habitada no século XIX, lembra, por outro lado, a historiadora Iva Cabral.

Na sua casa em Terra Branca, um bairro na Praia, a também reitora da Universidade Lusófona de Cabo Verde diz:

> Isso de se dizer que Cabo Verde é [originalmente] uma sociedade mestiça de pele não é verdade. É uma sociedade mestiça culturalmente, mas em termos de pele não. Quando Cabo Verde nasce, no início do século XVI, havia 200 vizinhos brancos na Cidade Velha e cinco mil negros. Por mais que o português fosse fértil, era muito difícil miscigenar tudo isso; em finais do século XVIII, havia 2% de brancos.

Depois da independência, "houve uma saída do fundo do poço de toda uma população negra que estava escondida" — o lado africano foi sempre silenciado.

Iva Cabral é filha de um dos maiores ícones da África lusófona, Amílcar Cabral. Tem tido um papel interventivo na gestão da sua memória. Pouco tempo antes de nos encontrarmos, tinha-se insurgido contra o facto de se ter equacionado a hipótese de transferir o mercado do Plateau para a área da Várzea em frente à Biblioteca Nacional, onde está a enorme estátua construída em 2000 em honra do "fundador da nacionalidade cabo-verdiana". Achava essa mudança — assim como muitos intelectuais que levantaram a voz com o mesmo objectivo — um desrespeito pela memória "de Cabral".

Quando comparado com personagens como o navegador português Diogo Gomes, que terá chegado a Santiago no século XV e que tem direito a uma estátua numa das zonas de destaque da cidade, perto do Plateau, alguns defendem que Amílcar Cabral foi secundarizado. A imagem mais impressionante do seu pai está, porém, desenhada na fundação com o seu nome, na Praia. É um mural em cores vivas, onde Cabral aparece com a boina e os óculos que costumava usar. No andar de baixo da fundação há fotografias, obras sobre a sua vida, e obras suas. Carlos Reis, um dos administradores da Fundação Amílcar Cabral, também concorda que a memória de Cabral é maltratada no país. "Não se explica, não se desenvolve, não se aprofunda o suficiente Amílcar Cabral."

Nascida em 1953, Iva Cabral editou em 2015 a obra *A Primeira Elite Colonial Atlântica*, onde analisa a formação da elite de Santiago. Comenta que é difícil falar em relações raciais em Cabo Verde hoje em dia.

> Historicamente, em Cabo Verde, a cor da pele depende da posição social. À primeira elite endógena chamava-se "brancos da terra". Não diria que há racismo, o racismo é de classe. Depende da situação social em que a pessoa se insere. Em Portugal, quando ando no autocarro, nota-se a dicotomia branco-negro, a pessoa é julgada pela cor.

A verdade é que "a elite cabo-verdiana se achava branca" e "superior à maior parte da população".

> A independência é que abre as portas à cultura africana, ao elevador social quando os camponeses têm a possibilidade de ir à escola — não havia essa possibilidade porque havia só dois liceus, um na

> Praia, que abre nos anos 1960, e outro no Mindelo, que é inaugurado em 1917.

Iva Cabral analisa que, a determinada altura, Portugal quis fazer da elite cabo-verdiana uma faixa intermédia entre si e o resto das colónias — apenas da elite, porque o resto da população era maltratada, houve grandes fomes em Cabo Verde, lembra — e essa intermediação deixou marcas, não só no próprio arquipélago. "Portugal pôs de lado a população de Santiago por ser negra, e escolheu a elite mindelense por ser mais próxima."

Na ilha de São Vicente, onde havia um porto, a mestiçagem foi forte e a cultura europeia mais presente "porque não teve escravidão", acrescenta Iva Cabral.

> Quando o Mindelo aparece como cidade, já a escravidão está no fim. A cultura é diferente. Quando é para abrir um liceu, Portugal escolhe a ilha mais parecida culturalmente, onde há menos escravos e menos rebelião. Santiago era uma sociedade rebelde. Desde o início havia escravos e rebeldia.

Cabo Verde era uma sociedade escravocrata — serviu de entreposto de escravos a partir do século XV — "que nasceu racista", diz Iva Cabral. E o legado subconsciente de uma sociedade escravocrata "é muito pesado"; ainda está presente o "problema de sermos africanos ou não", justamente porque "quando se fala em África fala-se em escravidão e é todo o peso da escravidão que ainda existe no nosso subconsciente".

Uma das consequências foi ter-se perdido o elo das raízes familiares. Os nomes africanos eram amputados, apenas quem tinha família mista ficava com acesso a informação do lado português.

> Nós, cabo-verdianos, não conhecemos o nosso passado — a população não tem geração. O passado da minha mãe eu sei, vem de Trás-os-Montes, mas não conheço o passado do lado do meu pai. O nome conta. E aqui o nome foi retirado, a religião, as danças, as cantigas foram proibidas — tudo isso fica no subconsciente.

ESPELHO PARA CONTROLAR A COR

No tempo da escola andava com um "espelhinho redondo" no bolso, um "instrumento precioso" para controlar o tom da pele e verificar se o sol o estava a bronzear demais. Nascido na ilha de Santo Antão, André Corsino Tolentino, 69 anos, reformado da carreira diplomática desde 2013 e ex-combatente do PAIGC, conta-nos este episódio na sala de sua casa, onde há várias estatuetas africanas penduradas na parede.

> A tonalidade da pele era um factor muito importante, portanto espreitava de vez em quando para verificar se estava a ficar mais branco ou mais negro. Porque era visível e esse critério tinha valor social e valor para as candidaturas ao serviço administrativo nas outras colónias. Lembro que as famílias eram classificadas de acordo com o tom da pele.

Mestiço, Corsino Tolentino só tomou "verdadeira consciência" da questão racial quando estava em Portugal, onde foi tratado por "negro ou não branco".

> Aqui a gente geria a situação por um não-dito. Mas, quando vou para Portugal estudar, as pessoas vêem-me e dizem: "Mas este não é nosso, não pertence ao nosso grupo." Aí tomei cons-

ciência clara de que afinal não pertencia à comunidade branca e portuguesa.

Acabaria por se envolver definitivamente na luta pela libertação nacional, fazendo aquilo que diz "ser uma evolução entre evitar o sol e ter um espelhinho a desejar que a cor da pele seja o mais clara possível até [à tomada de] uma posição da assunção orgulhosa da africanidade".

Corsino lembra que "a teoria colonial era muito baseada nas relações raciais", mas hoje acha que Cabo Verde é "das nações mais integradas do mundo". O ex-ministro da Educação é dos que defendem que existe uma noção de cabo-verdianidade em que todos sentem que pertencem a uma comunidade. Contudo, discorda da ideia de que o arquipélago está entre a Europa e a África — "se formos ver a geografia e a evolução sociológica, vamos ver que fica sim entre África e a América do Sul, e humanamente tem Portugal na sua composição; isso é que criou este caso singular".

O povoamento de Cabo Verde começou no século XV e passaram-se 400 anos entre o povoamento da primeira ilha, Santiago, e o da última ilha, Sal. O ex-embaixador defende que a utilização do critério racial para impor um poder político foi subtil, sobretudo quando comparado com Angola ou Moçambique, onde havia o estatuto do indigenato.

A partir dos séculos XVIII-XIX, o arquipélago foi apresentado como "algo que mais tarde veio a ser utilizado por Gilberto Freyre no lusotropicalismo", e Cabo Verde servia de "prova de que [o sistema] não era discriminatório e nem sequer justificava chamar-se 'colónia'", continua.

O regime colonial caiu na armadilha da teoria da integridade territorial. Desde cedo, Portugal pretendeu ser diferente dos outros impérios coloniais europeus e estabelecer a integridade do Minho a Timor. Uma das estratégias foi utilizar Cabo Verde dentro do contexto global do império português: durante muito tempo, o cabo-verdiano foi visto como uma espécie de adjunto do sistema colonial, uma espécie de cúmplice para dominar as outras colónias. Em Angola e Moçambique, os cabo-verdianos são conhecidos como chefes de posto, trabalhadores das plantações, patrões. Isso continua a custar-nos muito. Ainda hoje, nas nossas relações com os vizinhos da África ocidental, nos atiram com isso à cara.

CHOQUE EM PORTUGAL

De 1998 a 2005, o sociólogo Francisco Avelino Carvalho viveu em Portugal a pensar que ia concluir o curso a uma sexta-feira e regressava no sábado. No entanto, descobriu Lisboa e foi ficando. Agora com 45 anos, Francisco Carvalho diz que as questões raciais em Cabo Verde não são problemáticas nem centrais. Pelo contrário: existem todos os ingredientes para a sociedade cabo-verdiana ser revanchista porque o sistema colonial foi de uma enorme violência, mas o sociólogo defende que o país conseguiu "dar a volta a esses condicionalismos históricos" e desenvolver relações sociais entre diferentes grupos que "não são vincadas pela raça".

Para mim, a questão dos dois grupos, sampadjudo e badio, merece muito mais atenção do que as questões raciais em Cabo Verde. A forma como as percepções são construídas pode desembocar em processos muito mais complexos.

Não foi em Cabo Verde mas em Portugal que Francisco Carvalho descobriu que "era negro, preto" — tal como Corsino Tolentino, anos antes.

> Dentro da nossa forma de ver o mundo, do nosso quadro mental, a questão racial não vem ao de cima. Em Lisboa, sentimos que as questões raciais são importantes e tornam-se elementos estruturantes da reacção entre as pessoas em determinados contextos.

Não esperava, porém, vários episódios com que se deparou em Portugal, como "um português racista que muda de rua quando se apercebe de que caminha em direcção a um negro"; estar sentado num autocarro e o lugar ao seu lado ser o último a ser ocupado; ideias feitas de que determinadas características negativas estão associadas à cor da pele. "Chegando lá, verifico que havia um desencontro entre a minha representação e a que encontro."

O que existiria, então, na sociedade cabo-verdiana que o levara a imaginar um Portugal que não existe? O lusotropicalismo vingara em Cabo Verde? "O que poderá ter acontecido é que não chegámos a ter produções reflexivas sobre essa situação vivida, impingida pelo sistema colonial."

Falar de colonialismo brando não faz sentido para si, como também não faz sentido falar de racismo subtil — são "jogos de palavras".

> Para quem discursa, é brando e subtil; mas pode ser a pior forma de violência para o indivíduo que é objecto desse discurso. O grau de subtileza ou de violência é tremendamente subjectivo e tem que ver com aquilo que as pessoas sentem.

Diz que, apesar de ser uma questão fundamental, o racismo não é abordado na escola. E deveria. Até para desmontar questões como a utilização da raça feita pelo sistema colonial e a associação dos africanos a preconceitos raciais — isso levou, em muitos casos, à dissociação da identidade cabo-verdiana em relação ao continente africano.

Há, de resto, um inquérito feito aos cabo-verdianos em que boa parte não se considera africano — e, desses, muitos são das ilhas do Barlavento, lembra.

> É um tremendo absurdo um cabo-verdiano considerar-se não africano — e são bastantes a fazê-lo. Tem que ver com ideias preconceituosas herdadas do período colonial; a ideia primária que se criou do africano é a ideia de um bruto, violento, inadaptado, incapaz, selvagem.

LIMITAÇÃO GEOGRÁFICA

Artista plástico reconhecido internacionalmente e deputado do partido MpD (Movimento para a Democracia), Abraão Vicente (n. 1980) criou recentemente uma série de quadros a partir da ideia de passaporte. "O nosso documento diz-nos onde podemos ir, quem podemos ser e que expectativas podem ter em relação a nós", explica. São várias telas com passaportes que pediu a amigos, e usou o dele para servir de metáfora do que tantos africanos hoje passam. "Vejo racismo nas limitações que advêm de seres de onde és; é muito mais do que a cor da pele", afirma.

Por achar que o racismo é também uma questão burocrática que limita o acesso a territórios geográficos de pessoas "que viveriam em igualdade de circunstâncias com quem lá está", criou esta obra. Estudou em Portugal e só quando tinha de renovar o visto ou mostrar documentos é que se sentia estrangeiro. Acabou por pedir a nacionalidade portuguesa, por via dos bisavós, para não ter mais problemas.

> Tenho dupla nacionalidade, mas em nenhum momento me sinto a representar Portugal. A minha nacionalidade é também uma questão burocrática, foi quase uma vingança perante as dificuldades que tive.

Estamos na varanda do seu apartamento na Praia, um edifício relativamente novo para onde se mudou recentemente com a mulher, a cantora Lura. Nas paredes da casa estão obras suas e cartazes de concertos de uma das grandes estrelas da música nacional.

> Os cabo-verdianos dizem-se não racistas, construímo-nos como povo a partir da claridade como mestiços. Mas é uma falsa questão quando se conhecem as dinâmicas sociais de Cabo Verde e a forma como nos relacionamos. Apesar de sermos supostamente mestiços, não sermos um país de negros e pretos como os demais africanos, Cabo Verde não pensa na questão racial só como questão de pele, ela está intimamente ligada ao exercício do poder político e financeiro. Vemos pessoas de cor negra que não se vêem como negros, vêem-sc como culturalmente brancos. Há ilhas como São Vicente e Fogo onde essa questão é mais evidente. Quando fala de si mesmo, o cabo-verdiano vai sempre buscar o parente branco em vez de ir buscar o parente negro.

"Nas relações sociais, nota-se que as pessoas mais claras são tratadas com maior aceitação — nas instituições, na procura de trabalhos... Por outro lado", critica, "as pessoas do interior de Santiago, mais escuras, são discriminadas. O poder acaba por filtrar o negro. Ulisses Correia da Silva, presidente da Câmara da Praia, é o primeiro santiaguense preto a candidatar-se a primeiro-ministro. Todos os outros foram mestiços, mulatinhos."

Estas distinções notam-se nas relações familiares, a maioria das grandes famílias apresenta-se como descendente de portugueses, analisa.

> Não existe o negro cabo-verdiano. Ancoramos toda a nossa tradição familiar nos próprios apelidos portugueses. Até à independência, as grandes famílias eram portuguesas. Após a independência, construiu-se outra forma de consolidação do poder, que são as famílias que estiveram ligadas à luta pela independência.

Ele, que é mestiço, claro, e que só se sentiu negro quando foi para Portugal estudar Sociologia, sublinha que, mesmo "na parte artística, só era convidado para exposições de artistas africanos", preenchendo a quota de cabo-verdiano.

> O rótulo é desnecessário — um artista é um artista. A construção da lusofonia, da ideia de que somos herdeiros de alguma coisa, é baseada em pressupostos demasiados frágeis para nós, cidadãos minimamente informados. A nossa relação é sempre intermediada...

Olhando para o contexto dos outros países africanos lusófonos, Abraão Vicente analisa:

> Como nação, ficamos com esta nostalgia um pouco idiota de acharmos que somos mais próximos de Portugal do que os outros porque somos clarinhos, somos mestiços, não temos propriamente uma cultura africana enraizada. Ora isso é uma mera ilusão.

Há dois anos escreveu um livro, *1980 — Labirintos*, em que refere justamente que "ser africano em Cabo Verde é um tabu". Completa, porém:

> Nitidamente, sou africano porque vivemos muito mais sob a influência real de África do que da União Europeia. Mas dizer isso seria um erro, porque saio à rua e vejo que somos sustentados pela Europa — todos os projectos são financiados pela cooperação europeia.

Ao mesmo tempo, duvida que a mestiçagem hoje "venda", sobretudo essa ideia de "que somos um pouco europeus e um pouco africanos":

> Nem os europeus nos compram, nem os africanos: então, Cabo Verde está numa encruzilhada que é assumir a cabo-verdianidade não como construção histórica a partir de leituras cabo-verdianas, mas assumir o batuque, o funaná.

OS PRECONCEITOS EM RELAÇÃO AOS AFRICANOS

No mercado de Sucupira, na Praia, podem encontrar-se muitos imigrantes africanos. É um espaço fechado, onde passa sempre imensa gente. Entra-se nos corredores estreitos e tudo se vende — roupa, bugigangas, sapatos, perfumes, incensos, ervas, fruta. A multiculturalidade africana sobressai, com as mulheres que usam os panos típicos de algumas regiões e os produtos da culinária africana à venda — frutos secos, malaguetas, milho, mandioca, batata-doce, grão, inhame, banana verde — ao lado de ténis de marcas anglo-saxónicas e de mulheres vestidas de *jeans* ou minissaia.

Em 2009, a antropóloga Eufémia Vicente Rocha publicou uma tese sobre xenofobia e racismo em Cabo Verde. Parte da sua pesquisa foi feita no Sucupira. Estudou sobretudo a imigração vinda do continente africano, que tem aumentado, e durante a sua pesquisa surgiram questões ligadas à sexualidade e à racialização. Sobre os imigrantes africanos, os cabo-verdianos diziam coisas como: "Têm um pénis muito grande, uma performance sexual alucinante a ponto de prejudicar as mulheres, escangalhar os úteros e passar doenças."

Ao longo da sua pesquisa, foi-se tornando óbvio o tal imaginário identitário dos cabo-verdianos em que há a ideia de que são superiores aos outros africanos, reclamando por isso uma aproximação à Europa. Isso foi, em parte, instigado pelo próprio sistema colonial, construído à base de distinções raciais, sublinha.

> Quando as elites e os claridosos [movimento literário que nasceu nos anos 1930 e que reivindicava o direito a uma identidade cultural autónoma ligada à cabo-verdianidade] reclamam da metrópole uma atenção especial, referindo-se à sua performance administrativa e à presença forte do ensino, querem uma posição especial. Por isso essa aproximação com Portugal e com a Europa. A intenção não era cortar relações com a metrópole, mas ganhar uma posição destacada. E aí surge também a questão de os cabo-verdianos serem cidadãos portugueses e não indígenas como os cidadãos de outras colónias. As elites gozam desta posição e tentam tirar proveito dela. O outro pólo, a África, é moldado na mitologia ocidental: a África da escuridão, do oculto, do mistério, das fantasias e fábulas. É essa África que os intelectuais recusam.

A própria antropóloga viveu uma situação exemplificativa desta relação com África. Quando começou a fazer trabalho de campo, foi "conquistada por dois interlocutores". Em casa, um prédio que a mãe construiu no bairro de Tira Chapéu e onde vivem Eufémia e as irmãs, os pais perguntavam regularmente como tinham corrido as pesquisas. Quando ela contou que estava a ser cortejada por um deles ouviu: "Manjaco, não" — manjacos é a forma como os cabo-verdianos se referem aos negros do continente africano.

> A possibilidade de nos unirmos a um português ou a um espanhol já não é mau. O facto de me unir a um imigrante faz com que eu estrague a minha raça. Se me unir a um branco, europeu, estou a compor a raça. Mesmo que tenhamos cabo-verdianos negros, sempre sobressaem determinados tópicos. Diz-se: "É preto mas fino." São estas distinções raciais engendradas no âmbito do colonialismo que hoje se tentam recuperar — o facto de a branquidade se manter como algo a privilegiar. As lógicas raciais do tempo do colonialismo que pensamos que tinham ficado para trás voltam a aparecer.

Outro exemplo, a *morabeza* — o bem-receber — "funciona bem com os portugueses, mas não com o imigrante oeste-africano". "Ainda temos a sombra do branco como cooperante, diferentemente do imigrante oeste-africano que está cá para disputar connosco e traz imensos problemas para resolver."

Professora no Departamento de Ciências Sociais e Humanas da Universidade de Cabo Verde, onde ensina disciplinas de Antropologia e onde dirige o mestrado em Segurança Pública, Eufémia Rocha nota nos alunos "o mesmo discurso de há décadas": a excepcionalidade do povo cabo-verdiano, a mestiçagem e o facto de, mesmo estando a questão da raça presente, não tocarem no assunto. "Essa excepcionalidade é inventada, forjada. Há uma elite do século XIX-XX que tem todo um objectivo em relação à metrópole e que engendra a cabo-verdianidade: a maneira de ser própria do cabo-verdiano."

UMA SOCIEDADE GENETICAMENTE RACIAL

Tem a idade da independência, 40 anos, e estudou, como muitos cabo-verdianos, em Portugal. Fez o curso de Sociologia entre 1994 e 1999, e depois fez o mestrado em Estudos Africanos, ambos no ISCTE. Em 2003, foi para Angola aprender "na escola da vida".

Nardi de Sousa está numa sala de aula da Universidade de Santiago, um edifício que fica junto ao mar, perto da Ponta Temerosa. As janelas estão abertas para deixar entrar o vento. Fala dos dois mitos que prevalecem em Cabo Verde: a mestiçagem e a relação com África, que afecta não apenas o país internamente como a relação que tem com o exterior. Afirma:

> A ancestralidade africana é muito importante para nós, para repor o verdadeiro papel de África como farol do conhecimento. Toda a instituição da escravatura foi inventada para retirar o protagonismo e justificar a marginalização do próprio continente. Esta diluição da África que acontece na academia, nos *media*, e que continua a dar uma imagem de África como terra de selvajaria e de brutalidade faz com que os países africanos olhem para Cabo Verde com desconfiança. Isso afecta a relação que temos com os africanos e com os europeus. Os africanos sentem por vezes que há uma discriminação.

A produção antropológica do século XVIII "transmitiu conhecimentos distorcidos e falsos", coincidindo com a propagação da teoria evolucionista que defendia que "os europeus eram a invenção máxima da natureza e o africano era selvagem", nota, e isso ainda hoje tem resquícios. "Claro que marcou uma mentalidade e as pessoas procuravam aproximar-se dos traços europeus."

Cabo Verde criou a história imaginada de que a mestiçagem começou no arquipélago e isso foi "um pouco fruto da historiografia portuguesa". Depois "olha para si próprio como o país que tem mais mestiçagem em África" e "aí entramos no discurso lusotropicalista", que fez com que muitos cabo-verdianos exigissem ter um papel diferente na hierarquia colonial.

O fotógrafo e cineasta César Schofield Cardoso, de 42 anos, é mestiço, de olhos claros. Classifica-se politicamente como negro. O facto de existir o fenómeno da exclusão, que tem justamente a ver com as relações raciais, fá-lo posicionar-se desse modo e afirmar a sua africanidade, "como forma de valorização, equilíbrio e diversificação do que somos". Insiste também na questão do ensino da história de África. "Costumo lembrar que somos uma sociedade geneticamente racial, que nos formámos em relações raciais — uns, europeus brancos, em relação a outros, negros africanos."

A verdade é que a narrativa construída coloca Cabo Verde como uma aparente confirmação do lusotropicalismo "e da teoria de que a convivência dos portugueses e povos colonizados terá sido pacífica, harmoniosa". A intelectualidade cabo-verdiana, desde os claridosos, é responsável pela propagação dessa ideia por ter vincado o discurso lusotropicalista de que em Cabo Verde há uma harmonia racial.

> Mas estamos a aprender que isto não é bem verdade, principalmente porque na actualidade começamos a ter fracturas. Até onde é sustentável esse modelo de sociedade que vem de antigas relações raciais? Até onde podemos conter uma sociedade que tem divisões profundas entre uma pequena elite e uma maioria que não consegue uma integração plena? Até onde será sustentável a grande desigualdade social?

RACISMO EM CABO VERDE?

Quando se pergunta a um cabo-verdiano se há racismo no seu país, ele dirá que não. O sociólogo Redy Wilson responderia o mesmo — "a não ser contra os estrangeiros". Recentemente, à imagem do que acontece com outras ex-colónias como Angola e Moçambique, começou a aparecer "um certo ressentimento" por causa da presença de portugueses, "ainda por cima numa posição de dominação" — portugueses que chegam com atitudes racistas a Cabo Verde.

> Não estou a dizer que são todos assim, mas há muitos portugueses que não vieram de um tipo de sociedade e espaço onde havia uma certa proximidade [com a população negra].
> Mas o que muitos defendem é que existe o privilégio branco e que é preciso chamar o orgulho negro para colocar África no centro. Isto não é racismo.

Estudioso dos grupos de gangues em Cabo Verde, Redy Wilson diz que houve um "encontrão, não propriamente um encontro, entre o português e o cabo-verdiano". Ele próprio é fruto disso: metade da sua família é portuguesa, a outra metade, cabo-verdiana. Autoclassificar-se racialmente é "um grande problema", brinca.

> Uma vez estavam uns alunos da Universidade Nova em Portugal a fazer uma pesquisa com um questionário à americana, e chegou uma parte onde perguntavam a raça e foi complicado. Que raça sou eu? Fui para mestiço. Depois havia mestiço asiático, mestiço africano... Na questão identitária, sou africano. Mas não sei a nível racial onde me coloco. O que é ser mestiço? Há muitos mestiços. Na Praia, muitas pessoas dizem que sou do Fogo por causa do meu

cabelo. Algumas pessoas da costa ocidental africana perguntam se sou indiano. Em Portugal, perguntam-me se sou brasileiro e já me perguntaram também se sou timorense. Então, és tudo e não és nada. Já me disseram que era claro demais para ser cabo-verdiano e escuro demais para ser cabo-verdiano.

Mas como se sente?

> Como todo o cabo-verdiano, eu digo: sou cabo-verdiano. Aí está a ambiguidade. E o interesse nisso é que dizer "cabo-verdiano" é negar África. Aprendemos que somos cabo-verdianos. Cresci com isso. Quando começo a questionar essas coisas e quando vou para a Europa, não sou cabo-verdiano, sou africano. Quando te categorizam como africano, percebes que não tens nada de especial.

É nessa altura que ele começa a desmontar a mitologia nascida de uma história que se conta sobre Salazar, quando alguém lhe perguntou porque é que Cabo Verde não tinha o estatuto do indigenato e ele respondeu: "Eles são nossos filhos, pretos especiais."

CONSCIENTE AFRICANO, INCONSCIENTE EUROPEU

Lúcia Cardoso, directora da Orquestra Nacional de Cabo Verde, afirma que é preciso reconhecer que no arquipélago há um *melting pot* feito com populações da Eurásia, Médio Oriente, de diferentes culturas e etnias africanas, algo que se pode ver "na simples aparência das pessoas".

Lúcia Cardoso defende uma opinião um pouco diferente em relação à africanidade: conscientemente, os cabo-verdianos rejeitam a Europa, e inconscientemente rejeitam África, diz.

> Há essa coisa de rejeitar: não somos europeus, queremos voltar às nossas raízes — é o que se diz da boca para fora. É por isso que lhe chamo "a reacção consciente". Mas inconscientemente quer-se é ter o cabelo liso, ter as feições o mais finas possível, e o que é considerado bonito — o padrão de beleza e de bem-estar — é o tipicamente ocidental europeu.

Sobre o discurso do regresso às origens africanas, acha-o superficial, porque na verdade "nós nem sabemos o que é a África, quantos países tem, como é dividida".

> Dizemos que não somos europeus, mas com certeza não queremos ser africanos. Então sofremos parte da síndrome do colonialismo. Isso é claríssimo aqui em Cabo Verde. São séculos de uma forma muito inteligente de dominação que nos fez sentir capatazes dos outros.

"É gravíssimo que Cabo Verde não queira ser conotado com África", analisa. Mesmo o revivalismo de alguns materiais africanos como os panos é, para ela, "um bocado fútil", uma moda, "não se quer chegar à questão real" que é conhecer, por exemplo, a história e simbologia dos padrões e estampas usados nos tecidos. Habituada a lidar com crianças, choca-a a obsessão delas com os padrões de beleza europeus e o desprezo pelo fenótipo africano, coisas subtis como o cabelo ou o formato do nariz, mas que "têm um impacto muito, muito forte na vida das pessoas".

Olhando para os seus olhos, nota-se uma influência asiática. A sua pele é clara. E no Verão diz que o cabelo, agora rapado, fica louro. Lúcia considera-se "negra, sabe-se lá o que isso quererá dizer", por ter crescido em Cabo Verde. "Isso tem a ver com a cultura, com o que se sente. A minha mãe é branca, tem cabelo liso.

A minha avó tem olhos azuis. Branca não me considero, de certeza. Mas, por exemplo, vou para Angola e chamam-me branca."

A questão da relação com África não está apenas no campo racial e social. Só recentemente é que Cabo Verde retomou as relações comerciais com a Comunidade Económica dos Estados da África Ocidental, lembra César Schofield Cardoso, e esse reatar só aconteceu por uma imposição da parceria especial com a União Europeia. "Do ponto de vista social, cultural e económico não privilegiamos o espaço económico africano."

Incomodam-no as representações eurocêntricas de Cabo Verde, que não têm em conta a produção teórica nem as narrativas autóctones que já existem em Cabo Verde. A relação de igual para igual entre Cabo Verde e Portugal "está longe de ser conseguida", conclui.

> Longe porque são dois países que têm uma relação complicada com o colonialismo — um na sua qualidade de colonizador, o outro na de colonizado. É um debate que temos alguma dificuldade em estabelecer, daí que haja muitas dificuldades em normalizá-lo. Acredito que haja vontade de relações económicas e políticas — mas será que as relações sociais são tranquilas, saudáveis? Será que a sociedade portuguesa é tranquila em relação à sua africanidade, à sua população negra? Será que Cabo Verde olha para os portugueses de forma tranquila? De forma muito empírica, eu digo que não. Há muito desconhecimento de parte a parte.

A sociedade ainda tem traumas profundos da escravatura, do colonialismo, da violência racial. O resultado? "Não fizemos a catarse. Há uma política do esquecimento."

NA ROTA DA ESCRAVATURA EM CABO VERDE

À beira-mar há restaurantes. No largo que hoje serve para vender artesanato destaca-se o Pelourinho. Passa um rapaz com peixe acabado de pescar, os turistas são assediados por vendedores. Este é um dos locais mais simbólicos da Rota da Escravatura — o Pelourinho, na Ribeira Grande, Cidade Velha de Santiago.

A primeira cidade colonial europeia a ser construída nos trópicos, como a define a UNESCO — que a classificou de património mundial da humanidade em 2009 —, foi um dos mais importantes entrepostos de comércio de pessoas escravizadas. Às ilhas de Cabo Verde os portugueses chegaram por volta de 1460 e o arquipélago seria transformado "num hipermercado a céu aberto de compra e venda de escravos", diz o historiador Charles Akibodé.

Começamos pelo Pelourinho, que se tornou "um instrumento de imposição do poder" — "é imposto na segunda metade da Idade Média nos mercados em França, Alemanha, Portugal e Espanha". Chega a Cabo Verde como símbolo, para "julgar e castigar os escravos", continua. No Pelourinho, os escravos serão enforcados e chicoteados.

Nessa altura, o espaço da Cidade Velha era estruturado em volta da arquitectura militar, religiosa e civil, um conjunto de casas comerciais chamadas "sobrados", onde estamos hoje. "É a primeira vez" que se "constrói arquitectura portuguesa" num lugar a sul do Saara, afirma o historiador.

O gesto de trazer o Pelourinho para o meio do mercado "vai ser dos elementos mais dolorosos do comércio atlântico de escravos", continua o historiador. "O facto de essas pessoas serem castigadas em público era uma pena extremamente dolorosa, mais moral do que fisicamente, porque em África [tradicionalmente] não se castigava em público."

Apontando para o porto, Charles Akibodé descreve os barcos que atracavam ali, chegando quase vazios da Europa, com pedras e outros materiais como lastro nos porões. "Havia pessoas que iam caçar os escravos no continente africano e esses escravos eram trazidos para aqui."

O arquipélago torna-se uma porta de entrada e de saída de escravos. E nasce, como país, "num contexto especial de mudança da economia atlântica, da economia mundial, ou melhor, da economia-mundo", onde se fazia "a inclusão de uma nova mercadoria que era o escravo negro".

No entanto, o historiador defende que a população africana sempre desenvolveu técnicas de resistência a esse domínio, começando pelo uso do tambor como meio de comunicação — instrumento que, por isso mesmo, será proibido pelos portugueses.

> Quem tocava tambor era castigado aqui no Pelourinho. Havia castigos mais avançados, como cortar as mãos dos tocadores de tambor. As mulheres usavam o seu corpo para tocar tambor, e hoje o batuque faz parte da memória colectiva de Cabo Verde.

Além do batuque e do tambor, houve outro conjunto de mecanismos como a criação da língua crioula, "que vai salvar o povo contra a escravatura", defende. "Era uma luta passiva e a língua vai permitir construir novas ideias, novas referências, uma nova cultura." O historiador de origem senegalesa defende mesmo que foi a partir de Cabo Verde que nasceu a língua crioula, língua essa que vai ser transportada para as Américas, Jamaica, Martinica...

> Hoje, os especialistas já demonstraram que a estrutura linguística do crioulo português, inglês ou francês é a mesma, e [todos] nasceram no contexto do comércio atlântico de escravos que começou em Cabo Verde.

Outro aspecto da resistência passiva vai ser o recurso à utilização do "nome de casa", refere: o nome afectivo de relacionamento social, que secundariza o nome de baptismo, e se torna muito importante na memória colectiva.

"Quando falamos do escravo pensam que é uma pessoa apática, mas o escravo é um ser realmente dinâmico que conseguiu introduzir várias transformações", enquadra.

Situada num vale, que se enche de verde numa ilha marcada pela seca, a Ribeira Grande tornou-se a primeira capital de Cabo Verde e a sede da primeira diocese da costa ocidental africana. Alguns metros na direcção do interior chega-se à Igreja Nossa Senhora do Rosário (1495). Era aqui que se dava o baptismo de escravos. Diz a placa à porta do edifício de arquitectura gótica, um dos raros exemplos em África, que é o mais antigo da Ribeira Grande ainda existente. Foi edificada em nome de Nossa Senhora do Rosário, padroeira dos homens negros.

O historiador contextualiza que a Cidade Velha foi estruturada em volta do conjunto arquitectónico religioso, em frente ao edifício de paredes brancas. Neste local serão construídas muitas igrejas, tantas que levam Charles Akibodé a questionar: porque é que isso aconteceu "neste espaço perdido, com tanto calor"? Responde:

> Porque pela primeira vez vai ser desenvolvido o marketing económico em volta do comércio atlântico de escravos. Vai haver dois tipos de escravos: os boçais — os que são pouco espertos, brutos — e os "ladinizados" — os "baptizados", mas na realidade, os melhor vocacionados para a agricultura de plantação. O preço do escravo boçal era mais barato. As confrarias religiosas europeias vão chegar aqui a Cabo Verde para construir igrejas e captar imposto em volta desse marketing económico.

O papel da Igreja, no início, era entrar no comércio de escravos, e Cabo Verde vai ser transformado em "laboratório": "Nesta rua vai haver seminários, conventos para formação de escravos que serão reutilizados em África", aponta. Entre 1467 e 1530, os escravos saem de Cabo Verde em direcção à Madeira, Portugal, Canárias, e depois da abertura do Brasil dá-se uma nova dinâmica.

É preciso subir a encosta para chegar até à Sé Catedral. Está em ruínas mas consegue-se perceber a monumentalidade do edifício que começou a ser construído em 1556 e que só seria terminado por volta de 1700 devido a vários contratempos, entre eles, crises na Igreja. É, porém, a primeira catedral a ser construída na costa africana por ordem de frei Francisco da Cruz, terceiro bispo de Cabo Verde.

Daqui vê-se a imensidão do mar, e vê-se também parte da cidade. As casas à volta mantêm o estilo colonial português. Diz a placa à entrada que as pedras usadas para a sua edificação vieram de Portugal. "A construção de uma sé tem a ver com a elevação da cidade à categoria de vila. Por que razão, nesse espaço atlântico perdido no meio do nada, há a necessidade de construir uma catedral gigantesca?", questiona o historiador. "Isto acontece porque o financiamento para a construção das casas, das igrejas e da Sé vem exclusivamente desse comércio de escravos."

Charles Akibodé conduz-nos agora ao exterior da Sé e aponta:

> O que é interessante neste espaço é que a pia baptismal gigantesca, que devia ficar em frente do altar, estava na rua. Isso mostra que o baptismo dos escravos era industrial: os escravos eram baptizados fora mas não tinham o direito de entrar na Sé Catedral. Demonstra que o baptismo era mais económico do que de fé.

Sobe-se ainda mais a encosta para chegar à Fortaleza de São Filipe, erguida a partir dos anos 1580, "o único sistema defensivo construído na Cidade Velha para defender o comércio dos escravos", segundo Akibodé.

> A partir de 1470, Cabo Verde vai ser dos lugares mais defendidos no continente africano, porque o comércio vem logo cedo chamar a atenção dos piratas. O sistema de pirataria dos corsários era uma forma militar de defender a economia de um país, mas também de se revoltar contra outro país. Quando Portugal começou a ter problemas com Inglaterra logo a partir de 1545, um dos primeiros piratas que chega a Cabo Verde é John Hawkins. Não estava aqui por iniciativa própria, mas enviado por Inglaterra para destruir a economia de Portugal no comércio atlântico.

Um dos maiores piratas da história mundial, Francis Drake, ataca várias vezes Cabo Verde "para enfraquecer a economia portuguesa". Há ainda relatos de outros piratas que atacaram a cidade, como Jacques Cassard, por exemplo.

No entanto, o historiador relembra que, a partir do século XVII, o continente africano vai mudar de mãos, e pouco a pouco Portugal vai sendo expulso. Nesse contexto, a França, a Holanda e a Inglaterra "entram com novo apetite". O comércio atlântico de escravos torna-se mais feroz. E é entre os séculos XVII e XIX que se dá o maior êxodo de africanos do continente, nomeadamente de Angola e do Congo. O algodão, o arroz e o milho vão revolucionar a economia dos EUA e da América Latina, e então quase todo o continente africano vai ser estruturado para o escoamento dessa nova força de trabalho. "Essa especialização de Cabo Verde como transformação do escravo [de boçal em ladinizado] vai ser muito importante."

A participação de africanos no comércio transatlântico foi uma realidade. Charles Akibodé afirma:

> Há várias teses que dizem que os africanos venderam os seus próprios irmãos, mas temos de rever: de quem era a iniciativa desse comércio? Era uma iniciativa exclusivamente europeia. A demanda e a oferta eram dirigidas a partir de uma necessidade estritamente europeia. A estruturação desse mercado era dirigida pelos europeus. Dizer que os africanos entravam nesse comércio por necessidade é perder de vista essa questão do comércio atlântico de escravos ser uma necessidade exclusivamente ocidental.

4
SÃO TOMÉ E PRÍNCIPE

OS SÃO-TOMENSES NÃO PODIAM SER CHEFES MAS RESISTIAM A SER ESCRAVOS

Um dia, a mãe de Isaura Carvalho decidiu, à revelia dos avós de Isaura, ir viver com o homem por quem se apaixonara. Ela, negra, era a única filha. O avô não queria que vivesse como amante de um português branco, destino mais que provável para um casal misto naquele tempo. Porém, os pais de Isaura "bateram de frente" um no outro e apaixonaram-se. Nessa altura não era aceite socialmente em São Tomé e Príncipe que um branco e uma negra se casassem e constituíssem família, deixando descendência mestiça.

Isaura Carvalho (n. 1957) lembra-se das cartas que a avó portuguesa escrevia ao filho dizendo que "não queria uma preta na família". A família paterna chamava "mulatitos" aos netos — Isaura e os sete irmãos. Havia até uma tia de Viseu que propôs ao pai de Isaura enviar uma das suas filhas para a "ensinar a ser costureira". "A minha mãe esperneou", lembra a historiadora e uma das fundadoras da Fundação Cacau, o mais dinâmico espaço cultural de São Tomé e Príncipe (São Tomé e Príncipe). Cada vez que chegava uma carta da metrópole, o pai de Isaura Carvalho tentava escondê-la para a mulher não perceber que ela, negra, "era sempre o objecto de rejeição".

Viver com esta realidade não foi pacífico, conta: "não percebia porque tinha de ser assim" se todos os outros tinham famílias que os aceitavam.

A mãe decidiu que não ia continuar a viver "amantizada", como se dizia na altura. Quis, portanto, o estatuto de mulher casada — que acabou por conseguir, já Isaura Carvalho tinha uns "seis ou sete anos". Afinal, a sua própria mãe já tinha vivido com esse estigma. "A minha avó não queria que a minha mãe passasse pelo mesmo. O meu avô não regressou a Portugal, vivia com a minha avó, mas nunca se quis casar. Deu a dignidade de uma esposa mas não o papel — e isso na altura era mesmo muito importante", conta.

O avô foi administrador de uma roça e deixou de organizar eventos sociais porque a avó era negra e "não queria discriminá-la". "Havia todas as proibições imaginárias. Em nova, a minha mãe quase não saía, [os meus avós] criaram uma redoma." No final a redoma serviu para repetir a história familiar, e ela acabaria por abandonar a casa dos pais.

A família emigrou para Angola em 1964, justamente porque a mãe se queria distanciar: "Não havia muitos casais mistos — havia muitos mestiços mas não casais. Estas famílias tinham de encontrar alguma protecção, a nossa foi sair de São Tomé e Príncipe."

A mãe de Isaura Carvalho vive actualmente em Lisboa, e ainda hoje não gosta de visitar o seu país. Isaura Carvalho regressou ao país depois da independência.

Muita da miscigenação em São Tomé e Príncipe fez-se na clandestinidade. Em Julho de 2015, Manuel Jorge de Carvalho do Rio, 54 anos, recebe-nos na ONG Marapa, que dirige. Conviveu directamente com o choque racial durante a sua infância. A mãe era são-tomense e o pai português branco, mestre-de-obras numa grande companhia agrícola. "Sentíamos o reflexo da raça. Havia escalões. Não gostavam que nós, filhos de branco, nos misturássemos com as sanzalas." Em São Tomé e Príncipe, a mãe era a companheira não oficial do pai. Tiveram cinco filhos. Oficialmente, o pai era casado com uma portuguesa, que vivia em Portugal com os outros filhos. "Isso prejudicou-nos porque, como o meu pai era casado, não podia perfilhar os filhos cá, apesar de vivermos e convivermos com ele."

Até morrer, o pai nunca deu apelido aos filhos são-tomenses, apesar de os ter educado durante a infância e de os ter ensinado a ler e a escrever. Em 1975 houve o retorno dos portugueses que trabalhavam nas roças e o pai de Manuel Jorge do Rio foi um deles. "Se bem que houve alguns que ficaram na roça a trabalhar, até na companhia de que fazíamos parte. Mas o meu pai tinha a sua família lá, cinco filhos em Portugal, portanto foi."

Manuel Jorge teria cerca de 12 anos na altura. Acompanhou o pai ao porto, até ao barco que partiu da ilha. Despediram-se, chorando. Nada podiam fazer. Manteve contacto esporádico com o pai por carta. Contudo, nunca mais voltaram a ver-se. Foi a mãe, sozinha, quem educou os cinco filhos. Mais tarde, já o pai tinha morrido, Manuel Jorge marcou viagem para Portugal. Foi ver a freguesia onde ele viveu, visitou a família portuguesa, que o recebeu e aos irmãos são-tomenses "muito bem". Os irmãos portugueses "não atingiram os mesmos níveis" profissionais dos irmãos são-tomenses. "Sentimos também que a ausência do meu pai durante muito tempo prejudicou os filhos que estavam lá, não lhes conseguiu dar a formação que nos deu a nós." Porém, repete, magoado:

> O grande mal é que o meu pai não nos podia reconhecer oficialmente como filhos porque era casado — e nós não tínhamos culpa de ele ser casado. Isso foi uma marca que me deixou ferido. Ser gerado por um pai, conviver com ele, e não ser reconhecido... Até hoje não consigo engolir isso.

Manuel Jorge e os irmãos conseguiram o apelido do pai depois de irem a tribunal. No entanto, acabou por nunca dar o apelido paterno aos seus próprios filhos. Optou por Carvalho, em honra da mãe.

> As pessoas não entendem porque é que nós não temos nacionalidade portuguesa se [somos filhos de um português] — e eu também não. Não tenho culpa de ter nascido na altura colonial. Conseguimos o registo só depois da independência, por isso não nos dão a nacionalidade.

EUROCENTRISMO E COLONIALISMO

Killa-Z, 30 anos, *rapper*, faz uma música entre o tradicional e o contemporâneo: "Usei o *rap* e outros estilos modernos e fiz uma fusão com os estilos tradicionais como o *tchiloli*", explica, sentado num dos pátios contíguos à Casa da Cultura. O edifício de arquitectura colonial no centro da cidade tem as paredes exteriores degradadas. Killa-Z está numa salinha a produzir um disco com outros músicos. Ao lado, um homem pinta um quadro. "Se olhar à volta é tudo colonial: está aqui, está no estado em que está e parece que são edifícios [feitos por colonos] que só eles mesmos é quc conseguem gerir", comenta com a sua voz pausada e ponderada.

É um crítico da desvalorização de África e do colonialismo. Já reflectiu bastante sobre o tema, inclusivamente nas suas músicas. Antes da colonização, observa, África tinha reinos, sociedade, civilização, religião.

> Mas entretanto começa o eurocentrismo, em que a Europa é o centro de tudo, e isso ainda se nota. São poucas as coisas aqui que são produtos nossos. Quando plantas uma bananeira, ela nunca vai dar

> maçã — plantaste para dar banana e ela vai dar banana. O colonialismo foi criado para que as sociedades estivessem hoje à mercê do que é o eurocentrismo.

O resultado é que, "500 anos depois", São Tomé e Príncipe vive "numa dependência total do que é europeu".

> Temos uma independência política, mas em muitos casos foi feito *copy-paste* da Europa para cá. Quando África se afirmar no seu todo vai-se fazer a reviravolta da história — de certeza que isso é uma das grandes preocupações dos países de primeiro mundo que preparam os destinos de África para que eles fiquem sempre assim.

Para muitos jovens como Killa-Z é esta relação de São Tomé e Príncipe com África que se torna o foco da conversa sobre relações raciais. Katya Aragão (n. 1986) já fez animação cultural, trabalhou em administração ("um pouco de tudo"), apresentou o jornal das 13 horas e um *talk show* na Televisão São-Tomense, e é organizadora do evento TEDx São Tomé. Nasceu em São Tomé e Príncipe, viveu em Angola e Portugal, e relata o tipo de episódio que, para si, representa a mentalidade do colonialismo que ainda perdura: "Há mais respeito se for um branco a dar uma ordem do que se for um preto, nacional." Sente isso, por exemplo, na diferença com que o segurança da empresa onde trabalha a trata a ela e ao patrão branco.

Nota que falta orgulho em ser são-tomense, em falar a língua (o forro). Para determinadas pessoas, quem tem dinheiro ainda é o ex-colono, quem detém a maior parte das empresas é o ex-colono. "Até nos mais jovens [isso se nota]. Não tem nada a ver com racismo, tem a ver com o sentir que se deve uma obediência, com um complexo de inferioridade."

Estudou numa escola portuguesa e "tinha pouca relação com aquilo que é São Tomé e Príncipe", confessa. Havia porém uma professora que ensinava o pan-africanismo, o que "foi muito importante" para ela.

> Acho que há necessidade do pan-africanismo ser mais divulgado, é a partir daí que a identidade africana vai ser aprofundada. Aqui há uma grande mistura. Somos uma ilha e por acaso estamos no Golfo da Guiné. Mas só me senti mais africana depois de estar noutro país africano, de ver como os africanos do continente são realmente. E nós não somos como eles. Somos muito ocidentalizados, sofremos muitas influências e não pegamos no que é nosso. É normal que os miúdos estejam confusos e não saibam o que é isso de identidade africana, sobretudo quando não estão expostos a isso. Tenho tido necessidade de partilhar o meu despertar com outros colegas, com os mais novos sobretudo.

A escritora nigeriana Chimamanda Ngozi Adichie é uma das suas grandes inspirações. A verdade é que, querendo ou não, em África a ligação ao mundo ocidental é forte. Por exemplo, "há um grande movimento de cabelo natural dos afro-americanos nos Estados Unidos", comenta, a rir. "Estamos a ser mais africanos mas esse movimento vem dos Estados Unidos, de pessoas que nunca estiveram em África."

Edlena Barros, 29 anos, usa longas tranças, cuidadas, e uma camisola com tecido africano. Recebe-nos em sua casa no bairro do Quilombo. Bem no centro, o bairro é composto de casas pré-fabricadas. A sua casa de banho "parece um cabeleireiro", comenta a rir, quando fala dos produtos que compra para o cabelo, muitos trazidos de fora.

Estudou no Brasil e, em 2015, quando nos encontramos, trabalha como assistente de comunicação num projecto ligado ao Programa das Nações Unidas para o Desenvolvimento. Lamenta que em São Tomé e Príncipe os jovens que falam forro tivessem de ir à procura da língua nativa, pois era proibida e considerada *non grata* pela elite. A história de São Tomé e Príncipe é pouco ensinada, sobretudo no seu caso, porque frequentou uma escola portuguesa "e a partir do 5.º ano era praticamente uma estrangeira, não estudava nada relacionado com São Tomé e Príncipe", diz. "Para saber coisas sobre o meu país precisei de ir consultar o livro de um estrangeiro." Quanto ao colonialismo, era ensinado com uma "versão portuguesa dos factos".

> Quando se falava da época colonial falava-se de todos os países por alto. Aprendíamos o que os alunos portugueses aprendiam. É uma visão muito simplista, acredito que é uma visão muito "é o meu lado, defendo o que eu fiz".

Só mais tarde, quando tinha 14 ou 15 anos, é que começou a questionar esta versão dos factos.

Se pudesse voltar atrás no tempo, Maísa Bom Jesus preferia que não tivesse havido colonialismo. Esta jovem, que estuda em Taiwan e que está a passar uma temporada em São Tomé e Príncipe, explica o seu ponto de vista:

> Muita da minha cultura foi apagada. Para além de sermos pequenos, sinto que não somos tão africanos como os africanos da África continental. A cultura deles é muito mais evidente do que a nossa. A minha cultura é como se fosse café e leite e houvesse mais leite do que café no copo.

“Colonizar um país, tirar o que é a raiz desse povo e transformá-lo em pequenos portugueses... não concordo”, acrescenta ela que nasceu na “segunda república e não sentiu na pele nada de negativo em relação ao colonialismo”. Maísa nota muita influência portuguesa, e critica até o facto de existir tanta ajuda lusa, porque “ainda é como se fôssemos filhos de Portugal”.

E lembra-se de um episódio que espelha a diferença geracional na forma como se encara o colonialismo. O avô tinha um jardim enorme, “a coisa que cuidava com mais carinho”.

> Nós passávamos e pisávamos e estava sempre a ralhar. Dizia muitas vezes: “Meu Deus, os pretos não conseguem fazer nada, estão sempre a destruir tudo, é por isso que digo que os brancos é que sabem fazer as coisas.” Se havia algo errado era logo: “Os brancos é que têm de tomar conta de São Tomé.”

NEGAR O RACISMO

O *atelier* do artista plástico Kwame de Souza, de 35 anos, é um *open space* que lhe serve também de casa. Tem várias telas suas espalhadas pelas paredes, algumas inacabadas, e o chão cheio de tintas. O dia está quente, a ventoinha alivia o calor.

Kwame de Souza viveu em vários países africanos, como Angola e Moçambique, e também em Portugal, que ainda visita regularmente. Actualmente vive entre Itália e São Tomé e Príncipe. Não gosta, não quer, nem vê utilidade em falar de racismo em São Tomé e Príncipe:

> Não existe branco nem preto dentro da minha cabeça. Temos muito para trabalhar. Estamos num país em que passa no telejornal o

> primeiro-ministro a preocupar-se com elevadores e água na torneira. Se ficar doente agora apanho o avião para Lisboa. A diferença entre branco e preto importa? Não. A independência que estamos a festejar agora chama-se dependência. Isso é mais importante para mim do que a diferença que ficou lá atrás. Não precisamos das pessoas que nos vêm chamar pretinhos, coitadinhos.

Kwame diz que estudou o período da escravatura mas que nunca encontrou provas de que tenha realmente existido em São Tomé e Príncipe, nunca viu chicotes nas roças. "Houve escravatura onde? Nunca vi nenhum livro a dizer que são-tomense era escravo."

Também afirma que um "são-tomense não lembra se existe um branco ou preto". "Acho que até seria bom não lembrar que há diferenças raciais", sublinha.

> Não sei se existe racismo. Existem algumas pessoas estúpidas. Torna-se cliché que todo o mundo bate na cena do preto e do branco. Eu não penso assim, o mundo hoje não pensa assim. Nós vamos encontrar branco estúpido, preto estúpido, chinês estúpido.

Em suma:

> Dizer ao povo "tu foste escravo" não vai ajudar o meu país. Sou a primeira pessoa a apagar na mente do meu povo e a dizer: "Esquece essa merda, anda para a frente." Estar a remontar a merda da escravatura não ajuda a nada. O caminho para andarmos para a frente, para fazer o país crescer, não passa pelo nosso passado. Não façam esse povo lembrar que foi filho de escravo. Não nos faz falta.

Assim como "não é útil lembrar aos africanos que eles são inferiores".

> Falar de racismo, só o simples acto de falar, já é prejudicial. Não me lembres quem eu sou, deixa-me ser quem eu quero ser. A ideia de que nós, africanos, somos inferiores não veio da nossa cabeça: alguém veio e tum tum tum.

IDEOLOGIA DA SUBALTERNIDADE

Inocência Mata, Doutora em Letras e com pós-doutoramento em Estudos Pós-Coloniais, está de visita a São Tomé e Príncipe para as comemorações dos 40 anos da independência, a 12 de Julho. Nasceu na ilha, onde fez quase todos os estudos até 1974 — depois viveu em Angola e em Portugal. Agora está provisoriamente em Macau. Tem uma agenda preenchida com reuniões e encontros, e conversamos num final de tarde no hotel onde está hospedada, junto ao mar azulíssimo.

Diz que é preciso notar que mais de metade da população de São Tomé e Príncipe nasceu depois do 25 de Abril — é um país muito jovem. Dos cerca de 190 mil habitantes, mais de 64% tem até 24 anos, segundo os últimos dados, de 2014. É por isso normal que as marcas do colonialismo estejam "sobretudo na ideologia, não no quotidiano".

> É um país em que as memórias do colonialismo não estão presentes. E isso é bom e é mau. É bom porque o país quer estar a olhar para a frente, é mau porque é um país que assimila valores que são coloniais mas não tem consciência de que são coloniais.

Os portugueses foram mais brandos porque se miscigenaram? "Quero lá saber com quem é que o colono dormia", comenta Inocência Mata. "Dormia com a negra e ia-se casar com a branca", diz, quando falamos da ideologia do lusotropicalismo, que vingou e vinga entre muitos estudiosos e são-tomenses.

> O colonialismo é abominável. Não faço esse discurso de que o colonialismo é mau, mas... Não, o colonialismo é mau, ponto. Porque é a sujeição de uma comunidade por outra. É dominação, espoliação, apropriação dos recursos naturais. É também um sistema em que existe a dominação cultural. Isto é porventura a parte mais negativa na medida em que ela é perene, cria uma ideologia de subalternidade.

Lembra-se bem do sistema colonial e da forma como era exercido. Em nova ia percebendo a injustiça do regime porque o pai era "muito politizado": apesar de altamente qualificado e de ser da elite, não podia ascender na profissão por ser negro, "trabalhava num sistema em que tinha de ensinar o metropolitano branco que vinha para mandar nele".

Hoje, é professora na Faculdade de Letras da Universidade de Lisboa e faz questão de saber de cor os nomes dos alunos, porque nos anos 1970 tinha uma professora que nunca sabia os nomes dos alunos negros. "Lembro-me que ela me chamou Helena e eu disse-lhe ['não sou Helena']. Ela [respondeu]: 'Vocês são todos iguais, não vos distingo.'"

A cor das pessoas contava durante o colonialismo, defende, "e quem disser o contrário está a dourar a pílula e a fazer do colonialismo uma contradição e um encontro de culturas".

> O colonialismo não é um encontro de culturas, o colonialismo estabelece uma relação de poder de uma cultura sobre a outra. [...] É a instrumentalização da cultura do colonizador para a dominação do

> colonizado: não que a cultura do colonizador seja, *per se*, uma cultura de dominação — não, ela é instrumentalizada.

Por outro lado, para muitos são-tomenses como Isaura Carvalho, a imagem do colonialismo pode não ter o peso que tem noutras ex-colónias.

> Basta pensar que sou filha de um português, e neta de português, que a ideia do colono se suaviza automaticamente. Quando saímos de São Tomé, um dos destinos preferidos é Portugal. A nossa relação com o colonizador nunca foi de agressividade. Se nos perguntar, "gostavam de voltar a ser colonizados?" É claro que não. Não há nenhuma colonização que seja boa. O que fica das relações é que podem ser menos boas, no nosso caso com Portugal temos uma relação muito equilibrada.

Essa "suavização" também tem sido a imagem passada na escola, nomeadamente na que dirige, o Instituto Diocesano de Formação, conhecida como "escola portuguesa" e frequentada "em 90% por são-tomenses". Apesar de ter um currículo português, também aborda a história de São Tomé e Príncipe. "A imagem não é a do colono suave, a relação é que é suave", esclarece. "É um passado que ficou, não podemos apagar. Mas temos o presente e o futuro."

Lembra que a luta pela independência nunca foi contra o indivíduo mas contra o sistema. Isso explica também a ausência de conflito agora.

> Se tomarmos como termo de referência a miscigenação, não acredito que o meu pai era racista. Mas o sistema era racista, estabelecia que os negros não tinham determinado tipo de capacidades e competências.

São Tomé e Príncipe foi uma colónia criada com o objectivo de produzir — açúcar, café, cacau. A relação com o colonizador foi "um bocado ambígua", porque em determinadas situações os são-tomenses queriam ser parecidos com o colonizador, noutras rejeitavam. "Havia coisas no quotidiano em que reflectíamos essa vontade de sermos mais próximos. Se no período colonial não era bem visto que se falasse o forro, os nossos pais e avós também não queriam que falássemos."

DIFERENCIAÇÃO ENTRE CONTRATADOS

Inocência Mata lembra que São Tomé e Príncipe é um país de fundação colonial. Quando os portugueses chegaram, as ilhas estavam desabitadas. O primeiro são-tomense, "vamos chamá-lo assim", foi mestiço — não apenas em termos de branco e negro, mas de mestiçagem interafricana. "É aquele indivíduo que nasceu aqui, tanto filho de africanos que vinham de regiões diferentes, como filho de escravos e de senhores."

Explica que a primeira carta de alforria que o rei concede a pessoas nascidas em São Tomé e Príncipe data de 1520, e que durante 300 anos o país se tornou um entreposto de escravos. "Uma sociedade que nasce a partir de relações de escravidão, de uma estrutura escravocrata, é obviamente uma sociedade que traz na sua génese um problema racial."

O estatuto do indigenato, que dividia as populações de Angola, Moçambique e Guiné-Bissau entre indígenas, assimilados e colonos — estes últimos com mais direitos —, e que vigorou até 1961, não se aplicava aos naturais de São Tomé e Príncipe e Cabo Verde.

> A conferência de Berlim não terá tido o impacto que teve noutros países continentais, em que houve a partilha a esquadro e régua dos territórios. Mas quando as roças aceitam os contratados de Angola, Moçambique e Cabo Verde, as relações complexificaram-se porque passou a haver não o grupo de negros e brancos, metropolitanos e naturais, mas um grupo de metropolitanos, naturais, e um outro grupo que estaria na base da pirâmide, os contratados. Entre os contratados havia os cabo-verdianos que vinham voluntariamente para as roças por causa da fome — havia diferenciações mesmo dentro do grupo dos contratados. Os naturais de São Tomé e Príncipe [os chamados forros] interiorizavam essas diferenças, essa hierarquia. Ainda durante o colonialismo temos relações internas de grande discriminação entre os africanos.

A ideia de encarar os forros como um grupo superior tem, assim, raízes na história.

> Os forros não participaram nos trabalhos forçados [nas roças] no século XX — era mão-de-obra importada. Quando são introduzidas as culturas do cacau e do café, as terras desses forros são expropriadas pelos brancos que começam a chegar às ilhas para fundar as grandes companhias. As grandes roças são fundadas no século XIX e os forros são expropriados, perdem essas terras [...]. As roças eram verdadeiros estados. Há relatos de pessoas que não saíam de lá, havia tudo, hospitais, etc.

Alguns são-tomenses recusaram-se a trabalhar nas roças. Essa recusa dá origem ao massacre de Batepá, em 1953, quando, seguindo ordens do coronel Carlos Gorgulho, mais de mil são-tomenses (número estimado) foram mortos. Este é um dos episódios que espelha a violência do colonialismo português, mas que é muito pouco conhecido em Portugal.

"ÉRAMOS TRATADOS COMO CÃES"

Teotónio Torres, de 88 anos, economista, tinha 25 anos quando se deu o massacre de Batepá. "Foi a pior fase da minha vida", conta, sentado no sofá da sua sala de estar, num bairro de moradias baixas e cores de terra.

> Um dia, saía eu de casa quando me dizem: "morreram 29 homens na cadeia". Presos da Trindade chegados à cadeia, encerrados numa cela e de madrugada, depois de muito gritarem, abrirem a porta, caíram mortos 26 ou 27... Eu fiquei como louco: como era possível que se matasse tanta gente?

Crítico do sistema colonial, Teotónio Torres diz que até hoje não acredita "na comunidade lusófona". Não se lembra de qualquer convívio mais próximo com os portugueses — dava-se bem com o chefe mas ele nunca o convidou a ir a sua casa, "nunca", nem se lembra de um europeu tratar os são-tomenses de "igual para igual". "Havia sempre preconceito, e até hoje há. Europeu supõe-se superior aos outros." E comove-se, pede desculpa:

> Se me passasse pela cabeça deixar de ser independente, morria. Só de pensar nisso me vêm as lágrimas aos olhos. Não trocaria um minuto de vida para voltar ao tempo colonial. Éramos tratados como cães e hoje somos homens, quer queiram, quer não queiram. Nós somos donos disto.

Os portugueses estiveram em São Tomé e Príncipe com duas grandes prerrogativas, lembra o escritor Albertino Bragança: "o direito de resgate da costa africana e 'o direito a uma mulher negra para dela se servir e a dita ilha povoar', na linguagem daquele tempo". Um dos contos que Albertino Bragança escreveu chama-se *Preconceito*, baseado no preconceito contra os descendentes dos contratados nas roças. "As relações amorosas entre um filho da terra e um contratado eram impensáveis e eu pus isso no fim do conto."

Ex-futebolista amador, 78 anos, Albertino Bragança foi viver para Portugal em 1964, para jogar no Académica de Coimbra. Estudou Engenharia e regressou em finais de 1975-76 a São Tomé e Príncipe. Em casa, tem fotos com os seus tempos de jogador. É uma moradia no centro da capital, onde tem um escritório com livros seus e de outros autores. Fundador do Partido de Convergência Democrática, foi deputado até 2014 — e foi também ministro da Defesa, ministro dos Negócios Estrangeiros e ministro da Educação, Cultura e Desporto.

> O combate que se fez a línguas nacionais e a alguns aspectos da cultura nacional foi completamente despiciente, e foi tão forte que hoje, 40 anos depois da independência, não somos capazes de assumir alguns aspectos da nossa cultura que a meu ver são essenciais para afirmar a nossa identidade.

Lembra que o racismo chegou muito ao desporto, sobretudo depois da guerra em Angola, em 1961, e que havia grande tensão nos jogos de brancos contra pretos: "Os clubes eram o único espaço onde brancos e negros podiam estar em contacto." Na assistência, os brancos sentavam-se de um lado, os negros do outro.

"Em São Tomé e Príncipe nunca se esteve habituado a confrontos directos entre negro e branco." Não havia leis a separar oficialmente as pessoas, mas a verdade é que os espaços estavam delimitados, recorda, a vincar a "ideia de supremacia do branco sobre o negro, da discriminação no emprego, dos lados opostos nos campos de futebol".

"AS ROÇAS ERAM CAMPOS DE CONCENTRAÇÃO"

Damos uma volta pela Roça Agostinho Neto com a historiadora Nazaré Ceita, de 50 anos, que nos mostra como eram verdadeiras "regiões autónomas". Estamos na Casa Grande, e ao fundo vê-se o hospital, até há pouco tempo o lugar onde muitos são-tomenses nasceram. Está completamente abandonado, com água a escorrer no chão, buracos, gente deitada à porta.

À beira da estrada que une os dois edifícios há casebres e muita gente em grupo, pessoas debaixo das árvores a protegerem-se do calor, miúdos a brincar. Há uma escola e o terreno é imenso, com algumas casas que foram sanzalas e outras construídas depois da independência — vivem aqui milhares de pessoas. Um dos trabalhadores leva-nos a ver cacau fresco e indica-nos a estrada por onde apenas os patrões brancos podiam passar.

As roças são hoje uma espécie de metáfora do colonialismo português: grandes edifícios, estruturas imensas que um dia simbolizaram a imponência do poder imperial, mas que hoje têm bolor, estão a cair — abandonadas, ninguém lhes pega. São também bolsas de pobreza onde crianças descalças e com camisolas sujas e rotas lutam por um lápis de cor.

"Nas roças, as pessoas sentem-se mal porque sabem que foi aí que a população serviçal sofreu bastante — essa marca do castigo, dos maus-tratos, fica", explica Nazaré Ceita. A historiadora está neste momento a fazer um trabalho de investigação para o qual entrevistou mulheres que foram serviçais.

> A primeira coisa de que falam é dos vários castigos que sofreram — corporais, humilhação sexual, a utilização do corpo pelo patrão. Há vários relatos desses [abusos] entre as trabalhadoras rurais — algumas eram vítimas de assédio sexual pelos seus pares e pelos patrões.

Fernanda Pontífice (n. 1955), reitora da Universidade Lusíada desde 2006, ex-ministra da Educação e Cultura, acha que o que se "passava nas roças deixou uma memória muito má dos brancos", comenta numa das salas de aula da universidade.

> Porque havia o pelourinho onde as pessoas eram chicoteadas, quer homens, quer mulheres — embora já se tivesse abolido a escravatura, era um regime serviçal quase escravo. O homem branco era identificado com tudo isso, com racismo e repressão. Quando olhamos para o panorama do que são hoje as antigas roças, uma das leituras que faço é que foi uma espécie de mandar cá para fora toda a raiva, uma reacção violenta à violência a que foram sujeitos ao longo dos anos. As casas grandes foram todas destruídas.

João Carlos Silva, fundador da Cacau, chefe de cozinha, autor e apresentador dos programas de televisão *Na Roça com os Tachos* e *Sal na Língua*, cresceu numa roça. É na roça que agora tem um restaurante e pousada, São João dos Angolares, um edifício colonial recuperado, onde nos recebe. A enorme varanda de madeira tem vista para o mar e para a enorme mata, os livros numa mesa à entrada convidam ao lazer. A cozinha está à vista: os tachos e as papaias, o cacau, a cajamanga, o peixe usado no menu tropical da ementa.

A vida nas roças durante o tempo colonial de que ele se lembra era bem diferente desta enorme tranquilidade e exotismo. Nasceu e cresceu numa roça ali perto, depois o pai seria transferido para outra, mais próxima da cidade. "A minha infância foi feita quase toda no meio de cabo-verdianos", comenta. As roças, descreve, faziam lembrar "campos de concentração nalgumas situações": "Eram fábricas a céu aberto. O meu avô trabalhou num dos hospitais e tinha indicações muito claras: um trabalhador só podia ficar [internado] três dias porque senão a máquina deixava de dar rendimento."

Essa memória, e o que ouviu contar, fá-lo pensar que São Tomé foi das "coisas mais terríveis do império colonial".

"O meu pai conta-me histórias terríveis de justiça privada nas roças, de abuso descontrolado e ilimitado dos patrões em relação aos próprios trabalhadores" — algumas delas o próprio João Carlos presenciou, como sevícias, maus-tratos, abuso. Por exemplo, não era possível sair de uma roça para outra sem uma guia. "As pessoas estavam reféns." Quando se fazia a contagem de pessoal às cinco da manhã, já havia capim apanhado "que não entrava na conta do trabalho". Os trabalhadores saíam de manhã cedo e voltavam às 17h/17h30; a partir das 18h/18h30 "já não podiam falar".

Isto são coisas que deviam constar nos livros de História, e que não constam.

> Os próprios são-tomenses ainda não estão a escrever a sua história. A história ainda é escrita pelos colonizadores, feita por gente que tinha interesses que não os nossos. Um autor são-tomense dizia que os portugueses estiveram entre nós, não estiveram connosco. Claro

que temos de ter a capacidade de redesenhar o nosso país, e nunca se parte do zero.

OS FRUTOS PROIBIDOS

A geração de João Carlos Silva, como a de Fernanda Pontífice, aprendeu mais sobre Portugal do que sobre São Tomé e Príncipe nas aulas de História. Como diz a reitora:

> Na 4.ª classe tínhamos de ter um conhecimento de toda a geografia [de Portugal] e, paradoxalmente, não sabíamos nada da história de São Tomé e Príncipe. Também não sabíamos nada da geografia do país, sabíamos que o pico mais alto era o pico de São Tomé na ilha de São Tomé. [...] Era como se as nossas coisas não tivessem dignidade para serem estudadas.

Conta este episódio:

> Veja só, os nossos professores mandavam fazer redacção sobre os frutos. E os frutos que nós conhecíamos eram: manga, cajamanga, mamão, abacate, jaca, anona... Mas se puséssemos esses frutos os professores riscavam, tínhamos de pôr uvas, maçã, pêra, coisas que nunca tínhamos visto! Era uma espécie de negação que levava a negarmos a nossa própria cultura.

Já adulta, teve um professor que dizia: "Não sei o que andam cá a fazer porque a raça negra vai desaparecer."

Fernanda Pontífice foi uma espécie de discípula da poetisa Alda Espírito Santo — um dos rostos femininos do nacionalismo africano que conviveu na Casa dos Estudantes do Império, em

Lisboa, com Amílcar Cabral, Agostinho Neto ou Mário Pinto de Andrade. Lembra-se dos livros que leu por sua influência, muitos deles clandestinos, muitos deles que "tinham a ver com a questão da negritude".

A sala de aula onde conversamos fica em frente ao Liceu Nacional, um edifício enorme de arquitectura estado-novista. O bairro onde está implementada a universidade era "só habitado por portugueses" e "os cães intimidavam", assustavam as crianças que iam apanhar frutos das árvores. "Havia uma espécie de segregacionismo velado. Havia empregados negros mas não os víamos como nossos."

O racismo manifestava-se através das notas, por exemplo. "Uma das razões por que o meu pai me acompanhava nos estudos era porque dizia que eu tinha de estudar para ter mais do que 10." Fernanda tinha uma colega de carteira branca, a quem fazia os trabalhos de casa, que conseguia ter nota 15, enquanto ela tinha 11 valores, "uma injustiça muito grande".

> Muitos de nós não éramos vítimas directas de racismo. Ao mesmo tempo, havia uma política de assimilacionismo que se fazia através de instituições como a Mocidade Portuguesa, o liceu. Portugal era tido como multirracial e nós fazíamos parte desse "multi". Estávamos integrados, havia uma tentativa de nos assimilar com esses valores.

"UMA SOCIEDADE MAIS SERVIL DO QUE CIVIL"

A imposição da cultura e dos valores portugueses deixou marcas. Quando São Tomé e Príncipe conquistou a independência, adoptou um regime socialista, de partido único (o MLSTP, que durou até 1990), e todas as plantações de cacau foram nacionalizadas. Depois distribuíram-se as terras, mas não se sabia "o que fazer com as roças porque eram muito grandes": "Já estavam a cair antes, no tempo colonial, foi um modelo que não deu", comenta Jorge Coelho (n. 1958), candidato à presidência da República em 2011, e que neste momento prepara um romance histórico sobre a escravatura.

Para este homem, que viveu anos nos Estados Unidos e cujo sotaque denuncia esse facto, os são-tomenses ainda carregam a "marca para obedecer, uma marca da escravatura": ao mesmo tempo que "a discriminação e maus-tratos criaram revolta contra esforços, sacrifícios, geraram também o hábito de esperar que alguém faça, conduza". Um dos efeitos da opressão racial foi ter deixado "um complexo de inferioridade" em alguns, "a tendência para achar que tudo o que um branco faz é melhor, e que o que vem de fora é melhor".

Também para Isaura Carvalho essa é uma das grandes marcas deixadas pelo colonialismo: "Continuamos a ser uma sociedade mais servil do que civil", observa a historiadora, sentada na Fundação Cacau, um armazém enorme onde há restaurantes com música ao vivo e uma grande ala com exposições — nas paredes vemos fotografias antigas das roças, uma extensão imensa de trabalhadores a descaroçar o cacau, por exemplo. "Estamos muito dependentes do Estado e do exterior [quase 100% do orçamento de Estado vem da ajuda externa], como se estivéssemos sempre à espera que alguém desenhasse o percurso do país", continua.

A historiadora passou parte da vida a conviver com pessoas de outras origens. Viajou, confirmou que era uma pessoa igual a outra qualquer:

> Fui experimentada em várias situações, trabalhei fora de São Tomé e Príncipe e pude constatar que eram as minhas capacidades que

> prevaleciam [e não a] minha cor da pele. Isso, quer se queira, quer não, ajuda-nos na luta pela afirmação. Considero-me privilegiada, mas grande parte da população vive esta realidade que é confrangedora: somos livres mas continuamos a ter a postura servil que ainda é muito inconsciente.

Advogado e sócio de uma empresa de prestação de serviços de segurança, Filinto da Costa Alegre (n. 1952) acrescenta que "na senda do que foi o colonialismo continuamos com desigualdades profundas, cada vez maiores". "A classe política é muito pouco eficaz e tem sérios problemas — não se identificam com os interesses dos são-tomenses em geral, por isso as desigualdades aprofundam-se." Lembra que a pobreza em São Tomé e Príncipe tem origem no colonialismo, quando as terras eram usadas para produzir café e cacau e pertenciam sobretudo aos colonos: "Os nativos só muito dificilmente tinham acesso a esta produção de produtos de exportação; tinham sido expoliados, e isso excluía-os dos sectores mais produtivos", comenta.

Não tem dúvidas:

> O fundamento do colonialismo era o racismo. A linha de fractura era a raça, e nós éramos a raça inferior que precisava de ser civilizada — nós estávamos fora do mundo civilizado, era através do colonialismo que podíamos aspirar a ser cidadãos. Sendo um fenómeno histórico, social, não é algo que se varra com a proclamação da independência: o racismo criou um sistema desigual, discriminatório, e mesmo quando o poder que o sustentava foi erradicado os seus efeitos perduram. Essa situação prevalece.

Mas "a memória dos homens é muito curta". Eduardo Malé, de 42 anos, artista plástico e professor no liceu, conta que já teve uma obra sua censurada, *Os Comedores de Dinheiro*, sobre a corrupção em São Tomé e Príncipe. Actualmente envolvido num projecto para a comemoração da independência a 12 de Julho de 2015, Eduardo Malé encontra-se connosco na inauguração da exposição de outro artista com a *t-shirt* pintalgada. Conversamos depois em sua casa, um espaço junto ao mar num dos bairros periféricos da cidade. Ouvimos as ondas enquanto conta que se lembra de ter ideias muito diferentes das dos seus pais sobre o colonialismo, que lhe diziam muitas vezes: naquele tempo "não havia liberdade mas havia comida". "Aquilo feria-me: então mais importante não é eu poder ter liberdade, dizer o que penso?!"

Quarenta anos passados, porém, nota que continua a haver "uma espécie de neocolonialismo nos dois sentidos". "E aqui não acuso só Portugal mas os europeus, os americanos, os chineses..." Por exemplo, a questão dos vistos: "Fala-se muito de que o mundo é global: é mentira. O mundo é global só para a Europa, para a América. O africano vai para a Europa e é logo: 'Tem visto? Tem autorização? Quem mandou vir?'"

Bisneto e tetraneto "de gente que veio de Angola", Eduardo Malé lembra-se de a mãe se juntar com as irmãs e falar "a língua de Angola".

> Lembro de a minha mãe contar que, perante uma situação de incumprimento ou falta, o branco punha o preto a andar em cima da casca de caroço — que é tipo lâmina. Isto é uma raça sobrepor-se a outra. A raça é uma questão mental. É tão simples... Gostamos dos cães, independentemente de serem brancos, castanhos ou cinzentos, às pintas ou malhados. Podíamos fazer isso a um cão: "és preto, sai daí!"? Então porque é que fazemos isso com o ser humano?

NA ROTA DA ESCRAVATURA EM SÃO TOMÉ E PRÍNCIPE

O carro já andou em curva e contracurva, passando por localidades que parecem abandonadas. À beira do Atlântico muito azul, a estrada leva-nos até ao Nordeste da ilha de São Tomé, a Anambó, um nome que foi dado pelos colonizadores.

Por causa da situação geográfica, com possibilidade de os navios atracarem, a zona foi favorável à entrada dos portugueses, diz a historiadora Nazaré Ceita. E há inúmeras discussões sobre a data de chegada dos portugueses: uns dizem ter sido em 1471-72 e outros em Dezembro de 1470, tendo como protagonistas Pêro Escobar, João de Paiva e João de Santarém — com eles vieram padres e alguns escravos africanos, lembra a historiadora, pois este seria também um local de passagem dos escravos para o outro lado do mundo.

Com os primeiros portugueses, chegaram os primeiros escravos recrutados da costa africana, a 380 quilómetros, continua.

> São Tomé e Príncipe é onde os portugueses aplicam uma colonização inédita, quer da população, quer das plantas necessárias a essa colonização. Sendo uma zona baixa, é o local onde se estabelecem os primeiros engenhos de açúcar. Nessa altura havia escravos recrutados da zona do Calabar, da zona da Baía dos Escravos, perto da Nigéria, perto da Costa do Ouro, dos Camarões.

O primeiro desembarque dos portugueses foi num largo junto ao mar, marcado por um pequeno padrão, uma coluna envolta numa vegetação luxuriante. Nesta área estabeleceram-se os primeiros colonizadores e os escravos que trabalharam nas plantações de açúcar. "Até ao século XVIII temos uma verdadeira movimentação à volta da cultura da cana-de-açúcar, muito vendida nos mercados portugueses." Contudo, a cana-de-açúcar chegava ao mercado português com muitos problemas de qualidade e isso terá estado na origem do abandono deste cultivo, nota ainda Nazaré Ceita.

Embora não consiga precisar os números, calcula-se que tenham passado por São Tomé e Príncipe milhares de escravos em direcção às Américas. Relembra que São Tomé e Príncipe foi, desde o início, uma sociedade escravocrata — que os escravos vinham para se ladinizar, outros seriam transferidos para o Brasil, para os mercados da Baía ou Rio de Janeiro. "Aqui era uma espécie de zona de engorda para partirem para o Novo Mundo. Alguns ficavam, a maioria ia — mas falo numa fase posterior, no século XVIII."

Uma das particularidades de São Tomé e Príncipe é que, segundo Nazaré Ceita, desde o início da colonização que os relatos e fontes falam da pouca pacificação dos escravos com o poder instituído. Tornam-se frequentes as notícias de fujões, que aos poucos vão para a zona do pico.

> Pensa-se que os escravos fujões tenham constituído o grupo dos angolares de quem se fala como grupo enigmático de São Tomé e Príncipe. Há imensos relatos, sobretudo a partir do século XVI, de revoltas de escravos que combinavam o queimar dos engenhos e outros distúrbios. A revolta mais conhecida é a chefiada por Amador que, sendo um célebre escravo, é educado pelos colonizadores — sabia escrever, conhecia o exército. Tornou-se uma revolta internacional-

mente conhecida. Foi em 1545 e durou cerca de um ano — chegou quase à beira da cidade de São Tomé.

Estamos agora no antigo Largo das Alfândegas, na cidade de São Tomé, onde desembarcavam pessoas e bens. Há dois pontões que entram no mar, a costa é em forma de meia-lua. Num dos pontões desembarcavam os europeus, no outro, os serviçais. "As ilhas tornam-se entreposto obrigatório", continua a historiadora. "Era um local de transacção importante para o comércio colonial."

Depois da cana-de-açúcar, inicia-se o ciclo do café, e a seguir o do cacau, em 1822. Põe-se, assim, a questão da mão-de-obra. Quem produz? É nesta altura que começa o policiamento do Atlântico, pondo em prática as ideias humanistas vindas da Revolução Francesa, e em cheque a escravatura.

> As ilhas são tidas como local de tráfico e punha-se o problema de se eliminar o tráfico. A Inglaterra [que faz a abolição da escravatura em 1833] é quem toma a posição de fazer o policiamento do Atlântico, no sentido de pôr em ordem aqueles que continuavam a praticar o tráfico clandestino de escravos.

O tráfico não era "uma tarefa meramente europeia", mas também de alguns são-tomenses.

> No século XVI temos uma portaria do rei a dizer que filhos de portugueses com escravas já eram, pela sua miscigenação, portugueses. São essas pessoas que serão traficantes de escravos.

Só em 1875 é que seria abolida a escravatura em São Tomé e Príncipe. Na verdade, o trabalho forçado continuou, em moldes que muitos historiadores como Nazaré Ceita comparam à escravatura: aliciava-se mão-de-obra das outras colónias, sobretudo de Cabo Verde, onde havia grandes secas e fomes, e de Angola, Moçambique, Golfo da Guiné e Serra Leoa para trabalharem como serviçais. Embora oficialmente esse regime de trabalho forçado tenha sido abolido em 1962, na prática vigorou até ao final da colonização.

Nazaré Ceita relembra que o processo de transição da escravatura para o trabalho forçado foi difícil, porque os antigos trabalhadores não queriam contratar-se com os patrões devido aos maus-tratos e castigos corporais que haviam sofrido.

> Grande parte desses trabalhadores abandonaram as suas antigas posições para virem concentrar-se nesta cidade à procura de novos postos de emprego que não [encontraram]. Para o trabalho forçado vão-se estabelecer contratos de trabalho de três a cinco anos e infelizmente não eram exequíveis, pois muitos dos que vinham não conseguiam regressar. Havia manobras dos patrões para, no momento de atingir o fim do contrato, não os deixarem regressar. Em Angola, os sobas insurgiram-se contra a contratação para São Tomé e Príncipe porque os seus pares não regressavam.

Porém, houve mesmo quem recusasse ser contratado, como os forros, o grupo maioritário da população são-tomense. Quando trabalhavam nas roças era com emprego a prazo, "jamais como contratados".

Estamos numa rua perto da antiga Alfândega, lugar que antes era a Curadoria Geral dos Serviçais e Colonos de São Tomé e Príncipe, criada para fiscalizar o trabalho dos serviçais e contratados. Nazaré Ceita recorda a imagem que se teria repetido vezes sem conta entre 1875 e 1974: os trabalhadores a passarem "por essa rua amarrados, em fila, uns atrás dos outros, para serem inscritos ou confirmados como trabalhadores e depois distribuídos pelas diferentes roças".

Os serviçais, depois de serem inscritos, "eram atirados para um barracão até que viessem os patrões para os receber". Com contratos assinados nos países de origem, onde se definiam as horas de trabalho, a comida, o alojamento, quais eram os materiais de trabalho, a vida dos serviçais "era semelhante à vida militar".

> Quando se levantavam de manhã tinham de se posicionar em fila para lhes serem distribuídas as tarefas, para serem controlados. Era a altura de receberem reprimendas mediante determinadas queixas — essas reprimendas podiam ser prisões na própria roça ou fora das roças. Há relatos de chicotadas, de toda a espécie de humilhação. Isso durou até 1974.

A escravatura terminou, no papel e na prática, no século XIX em vários países. Porém, em São Tomé e Príncipe, até à independência, houve "todo um manancial de humilhações de trabalho forçado" que seriam facilmente confundidas com um regime de escravidão.

5
MOÇAMBIQUE

QUANTOS MILHÕES MORRERAM NA SAGA DO COLONIALISMO?

Na mesa de jantar da família Quelhas, há pratos de várias origens: bebinca (uma sobremesa goesa), doce de mandioca e coco, e matapa (pratos típicos de Moçambique), chamuças (especialidade indiana). Há também mandioca frita, beringela, mangas e papaias.

Celisa Quelhas (n. 1953) é auditora e nasceu em Goa; o marido, António (n. 1947), é engenheiro e português; os filhos são moçambicanos e a nora Tasia também.

Na sala de estar há vários aperitivos. Uma taça com desenhos do pintor moçambicano Malangatana destaca-se pelas suas cores vivas. "Fazemos uma grande mistura de pratos goeses, portugueses, moçambicanos", explica Celisa, apontando para a mesa.

Normalmente, a reunião familiar dá-se em sua casa, ao domingo. Porém, hoje, uma noite de Maio, o encontro é em casa do filho, Nuno (n. 1978), gestor de uma empresa de investimento e pai de uma criança de meses.

É uma moradia que fica no Bairro do Triunfo, na Costa do Sol, perto do famoso Mercado do Peixe, onde moçambicanos e estrangeiros comem peixe e marisco fresco. Situada na zona sul, é considerada uma das zonas abastadas da cidade. É frequente ver seguranças à porta das casas que se seguem umas às outras em linha recta, e a de Nuno Quelhas não é excepção.

Celisa e os irmãos nasceram em Goa, de onde saíram em 1962, depois de o território ser anexado pela Índia. Os pais eram enfermeiros, foram para Portugal e depois para Moçambique. A seguir à independência, a 25 de Junho de 1975, as famílias de Celisa e de António regressaram a Portugal mas os dois acabariam por ficar e casar um par de anos depois de se conhecerem, em 1973.

"A família do meu pai já é constituída por uma diversidade cultural grande, tem ascendência judaica e outras", descreve Nuno a olhar para o pai. "Em Moçambique, encontra-se muita gente com esta influência multirracial, vem do tempo antes de Portugal chegar a Moçambique. A componente árabe já tinha prevalecido."

Em 1973, a população branca de Moçambique era de 190 mil (2,3% da população), segundo um gráfico reproduzido pela investigadora Cláudia Castelo em *Passagens para África* — o Censo de 1970 indicava um total de oito milhões de habitantes no país. Actualmente, 99% da população moçambicana é negra, diz o Censo de 2007, 0,4% de raça mista e 0,6% de outras raças.

Celisa e António nunca sofreram pressão social por serem um casal de diferentes origens, porque em Moçambique "havia muitas famílias mistas" — brancos com negros, brancos de diversas origens com africanos, asiáticos. "Nunca senti racismo e posso até dizer que nunca ouvi falar de raça na minha família. Em minha casa entravam pessoas de todas as classes", sublinha Celisa. Lembra-se também de, em 1963, olhar para a placa do gabinete onde o pai trabalhava, de ver escrito "consulta externa indígena" e perceber "que naquela consulta só havia pessoas negras".

António Quelhas também nunca sentiu que houvesse diferenciação racial. Pertenceu à tropa local, onde havia "uma mescla de gente africana, goeses, negros, hindus, muçulmanos" e "um chefe que era eu, tinha formação superior". "Nos empregos, havia alguma discriminação mas eram regras impostas pelo governo; até certa altura, dizia-se que os brancos que estavam cá eram brancos de segunda."

Da geração mais velha à mais nova, em casa da família Quelhas a percepção é de que no país houve e há uma harmonia racial. Nuno estudou na África do Sul, na Suazilândia, e em Inglaterra e não hesita em afirmar que "Moçambique é o país mais multirracial" que conhece.

> Já vivi em Londres, e existem leis que criam integração racial. Em Moçambique as pessoas convivem sem ter de haver nenhuma regra. Um partido como a Frelimo [Frente de Libertação de Moçambique], que assumiu o poder depois de 1975, não teria conseguido um governo multirracial se isso não fosse intrínseco. Os países lusófonos são dos que mais miscelânea têm e Moçambique é onde isso acontece de maneira orgânica.

Tocam à campainha os amigos de Nuno e Tasia, moçambicanos negros. Vêm jantar, é sexta-feira.

DESCONFIAR DOS PORTUGUESES

O teatro está fechado mas o director do grupo Gungu, Gilberto Mendes (n. 1966), faz a visita guiada. Ele é uma estrela em Maputo, param-no na rua para o cumprimentarem. No edifício, bem no centro da cidade, com o seu nome, também gravam programas de televisão. Dramaturgo e encenador, e autor de mais de 60 espectáculos, teve uma peça, *O Julgamento*, censurada por retratar um processo de corrupção moçambicano. Já por várias vezes abordou a questão racial nos seus espectáculos.

Uma das peças do Gungu faz a caricatura de uma mulher portuguesa, branca, que consegue, sem ter qualificação profissional para isso, ser contratada para trabalhar num hotel e obter mais uma tão almejada estrela para o estabelecimento. "A melhor maneira de passar exemplos é fazendo exemplos rácicos, não no sentido pejorativo mas de analogia", explica Gilberto Mendes.

Uma das ideias de abordar a questão racial até surgiu por causa de um amigo português que decidiu viajar de Lisboa a Maputo de carro. A travessia demorou dois anos e, quando ele chegou, Gilberto Mendes gozou: "Isso é brincadeira de branco. Se fosse um preto a fazer uma viagem dessas, já tinha morrido há muito tempo." Fez então um espectáculo que pegava "em coisas que, entre aspas, podem ser feitas por uns e não podem ser feitas por outros, que a gente olha e acha que pertencem a uma determinada raça", explica.

E os espectáculos têm sucesso porque ainda há no subconsciente colectivo moçambicano um preconceito que se traduz em pequenos exemplos como o facto de, "se um negro abrir um restaurante, não ter tanto sucesso quanto se for um branco", observa. "Se as pessoas não têm a formação para perceber estes clichés, acabam induzidas em erro e a respeitar uns e a não respeitar outros."

Em 2013, segundo o Observatório da Emigração, havia pouco mais de 24 mil portugueses em Moçambique. É comum ver portugueses nas ruas de Maputo, e a ideia que permanece é a de que a maioria ocupa cargos de chefia.

No parque onde encontramos Calton Cadeado, que fica numa das zonas altas e nobres da cidade, vêem-se meninos com as suas amas, fardadas, a marcar de forma evidente a divisão de classes — algumas das fardas fazem lembrar o imaginário colonial e é, aliás, comum venderem-se nas ruas de Maputo, no mercado paralelo.

Calton Cadeado é chefe do departamento de Paz e Segurança do Instituto Superior de Relações Internacionais.

Nascido na Beira, tem centrado a sua investigação na população e dá-nos a leitura de alguns discursos sobre a questão racial, como a percepção de que há uma discriminação que privilegia os brancos, que vieram em maior número nos últimos anos por causa das riquezas naturais do país: "Ainda é muito cedo para dizer que os brancos vieram para controlar. Na teoria da conspiração, ninguém tira isso da cabeça dos moçambicanos", considera. Contudo, não nota tensão racial em Moçambique — e se existir será nos espaços urbanos como Maputo, até porque as elites negras e brancas se misturam nos mesmos lugares, nos mesmos restaurantes, nos mesmos círculos intelectuais, defende.

Para ele, no discurso sobre as identidades, primeiro aparece a questão da etnia, depois da região geográfica, e só em último a raça.

Em relação aos portugueses, poderá haver uma desconfiança e o fantasma de que voltaram para recuperar a propriedade perdida, diz. Sublinha ainda que a ideia de que os portugueses foram obrigados a abandonar o país em 24 horas e a levar apenas 20 quilos com eles criou um sentimento de perda. Mas Calton Cadeado não acha que essa desconfiança seja significativa. Se eram vistos como os maus da fita, os portugueses seriam, mais tarde, "protegidos" pelo discurso insistente de Samora Machel (1933-1986) de que a luta tinha sido contra o sistema — Samora seria, aliás, criticado por ter demasiados brancos no seu governo.

A relação actual entre portugueses e moçambicanos não é de igual para igual, há muitos que chegam a ganhar mais do que os nacionais, sobretudo nas empresas multinacionais, diz. "A explicação que arranjo para a diferenciação salarial é que quem financia dita as regras. A outra ideia é que há uma drenagem do capital, que vem e volta para o local de origem" — mas esta última ainda é só uma hipótese de investigação que está a aprofundar.

A redacção do semanário *Savana* fica no bairro da Polana. É uma moradia onde à porta estão vendedores que improvisam uma pequena livraria com livros espalhados no passeio em cimento. Bem perto, uma "instalação artística" com ténis de marcas internacionais, novos, faz a curva — as cores vivas de sapatilhas sem par, à espera que as comprem, tornam a imagem original. Fernando Lima, director, está sentado à sua secretária, onde imensos jornais se empilham. É filho de portugueses.

> Já houve movimentos que tentaram estabelecer a definição de nacionalidade moçambicana numa base racial. O facto de a própria lei da nacionalidade estar incorporada na Constituição é um excesso, mas reflecte o quão sensível é a questão da raça em Moçambique. Moçambique é independente, com um *background* racial completamente distorcido. Portugal gostava de se apresentar como um país não racista, ora isso não é verdade: havia racismo, havia discriminação racial. Aliás, a grande maioria da população negra não tinha documentos de identificação como portugueses — só os assimilados, e eram uma minoria. Isto significa discriminação na escola e profissional.

Lembra ainda:

> Por isso, um movimento de libertação teve de lidar com este passado de opressão e humilhação baseado na raça, mas ao mesmo tempo não alienar as diferentes comunidades — havia diferentes grupos de origem asiática, com diferentes *backgrounds* religiosos, muçulmanos e hindus. As minorias não negras tinham um melhor nível de vida,

maior ascendência económica e maior poder para se defenderem em termos de oportunidade de emprego.

Não cresceu num ambiente privilegiado, apesar de ser branco.

A minha origem era humilde, sob o manto colonial que dava mais privilégios à minha família, mas isso não afasta o facto de eu ser filho de um operário portuário. Ao contrário da esmagadora maioria da população branca de Moçambique, estava do outro lado da barricada: fui líder estudantil desde a escola secundária e na altura da independência não pertencia à esmagadora maioria das pessoas que tinham de fazer as suas opções de ficar ou ir porque já tinha feito a opção muito antes.

Toda a família e amigos se foram embora.

Do lado paterno, muita gente ia para Moçambique trabalhar em colonatos, ele próprio teve família a chegar que não sabia ler nem escrever "e muitos nem sapatos usavam". Lembra: "Ora eu andava na escola, fui à universidade e sou filho de pessoas que têm a 4.ª classe. Olhávamos para a sociedade portuguesa com uma certa sobranceria", recorda. Por outro lado, Moçambique estava colado a África do Sul, país já desenvolvido. "Aliás, bebíamos Coca-Cola, que nem existia em Portugal. Chamavam-nos os 'Coca-Cola'."

Fernando Lima foi o primeiro da sua família a ser moçambicano. Ser branco e moçambicano gera, "às vezes", surpresa. "Não foi sempre assim. Durante os primeiros anos da independência, nunca senti questionarem a minha cor de pele." Hoje é habitual a polícia e as repartições públicas pedirem-lhe o passaporte em vez do BI. "Isto significa que o meu interlocutor está a assumir que eu não sou moçambicano."

A nova vaga de emigração portuguesa, que não tem relação nenhuma com o colonialismo ou com Moçambique, divide-se em grupos diferentes, analisa: os que se integram pacificamente e os que criam alguns problemas, pessoas que pertencem a camadas mais baixas da população migrante e que muitas vezes vêm para trabalhar na construção civil. Neste aspecto, "a tolerância em relação a portugueses é zero". Exemplo: a expulsão do treinador português Diamantino Miranda em 2013, depois de ter dito que todos os moçambicanos são "ladrões". E há ainda o grupo dos que viviam na África do Sul e se mudaram para Moçambique depois do fim do *apartheid* nos anos 1990, trazendo consigo "alguns tiques colonialistas" que ainda mantêm.

De resto, Fernando Lima diz que em geral as relações são pacíficas, e que muitos até usam as camisolas dos clubes portugueses, torcem por clubes portugueses, enchem os restaurantes e cafés durante os jogos. "Somos muito melhores do que a generalidade dos países africanos" em termos de relações raciais. "Vem aqui um sul-africano e zimbabueano e fica de boca aberta porque nas nossas festas há pessoas de todas as raças."

É-lhe, porém, difícil aceitar a ideia de brandura do colonialismo português. Quando começou a ir à escola, tinha noção plena de que vivia num país de maioria negra, mas na escola não só os negros eram uma minoria, como ficavam sentados nas últimas carteiras.

Os pais eram conservadores e as conversas acabavam muitas vezes com Fernando Lima a abandonar a mesa e os convívios familiares: via muitas vezes ridicularizado o facto de defender a não-discriminação. Havia discriminação na sua família, "de forma completamente aberta", lembra.

> É preciso ver que se um empregado partia dois copos, a senhora levava-o à administração e o empregado ia apanhar umas seis palmadas para que não partisse da próxima vez. Não estou a dizer isto de ter ouvido falar, assisti a estas situações, estive na administração e vi. Se contar isto a uma criança hoje, acha que é ficção.

ANTI-RACISMO DE SAMORA

A seguir à independência, houve um discurso fortemente anti-racista, veiculado pela ideia de que se devia matar a tribo para fazer a nação nascer, recorda Tomás Vieira Mário (n. 1959), jornalista e docente na Universidade Politécnica, além de presidente do Conselho de Regulação.

Tomás Vieira Mário escolheu a fortaleza de Maputo para a nossa conversa, lugar com simbolismo colonial pelo que representa de poder militar. A fortaleza é hoje visitável, mas há pouca gente, sobretudo se comparada com a zona envolvente da baixa da cidade, onde os comerciantes se espalham pelas ruas, muitas vezes a vender as mesmas coisas das lojas em frente: pentes, escovas de dentes e outros produtos de higiene, livros, sapatos, pilhas, roupa, telemóveis, cartões de carregamento de chamadas, tudo e mais alguma coisa. Entre os muros grossos e laranja-tijolo, Tomás Vieira diz, na sua voz delicada e tranquila, que Samora Machel tinha, deliberadamente, criado um governo com este cariz anti-racista. "Samora Machel dizia: nós somos anti-racistas. Isso associava-se um pouco ao facto de estarmos rodeados de dois países racistas, a Rodésia e a África do Sul."

Tanto foi assim que, ao mesmo tempo, "havia a sensação de 'parece que não valeu a pena a independência porque o governo tinha muitas pessoas de raça branca e de origem asiática'".

No tempo de Samora Machel, era "quase crime" usar qualquer tipo de expressão conotada com racismo. "Não quer dizer que não houvesse um vulcão à espera da oportunidade para a sua erupção — quando ele morreu, apareceu."

O jornalista sublinha que depois do colonialismo "há sempre uma espécie de ressaca que vem ao de cima", e ele próprio se lembra de muitas canções a falar do "branco que nos oprimiu". A Frelimo, porém, "proibiu-as".

Hoje essa ressaca sente-se muito menos, até porque as pessoas que viveram o colonialismo tendem a ser uma minoria, visto Moçambique ser um país jovem. Quer dizer, "as oportunidades de hoje têm muito pouco a ver com o colonialismo português", considera.

Não que as histórias de discriminação do período colonial estejam esquecidas, pelo menos para ele. Tomás Vieira lembra-se do caso de um tio que tinha feito umas poupanças e as guardou nos Correios, numa vila de Inhambane. O tio decidira abrir um negócio e pediu autorização ao administrador do distrito, mas recebeu uma resposta negativa, porque não era comum os negros estarem à frente do comércio. Queriam-no forçar a aderir à PIDE como contrapartida para abrir a loja, mas ele recusou-se. Então ouviu "preto de merda" e o dinheiro foi-lhe tirado dos Correios: ficou sem poupanças e sem loja.

Da sua biografia, Tomás Vieira Mário conta que chegou a ser um dos três únicos alunos negros da escola secundária em Maxixe, isto porque era caro estudar, mas o pai, camponês, podia pagar. "Havia um racismo no acesso aos recursos e na capacidade de superar a vida e desenvolver-se." Algo que não era oficial como na África do Sul e na Rodésia. "O meu tio tinha uma frase: os que limpavam Lourenço Marques [hoje Maputo] nunca viam quem sujava e vice-versa. Ou seja, havia uma parte que vinha de madrugada e saía antes que os moradores acordassem."

Tomás Vieira afirma que o primeiro negro a entrar num liceu em Moçambique foi Joaquim Chissano, em 1957. "Não foi nem há 60 anos, e isso é muito recente."

Qual era a chance de, em Moçambique, naquela altura, os negros ultrapassarem a barreira da ignorância?

PIOR QUE *APARTHEID*

Aos 76 anos, Joaquim Chissano mantém um espírito crítico. O homem que sucedeu a Samora Machel, em 1986, depois da sua morte, e que ganharia o título de "arquitecto da paz", foi o vencedor das primeiras eleições multipartidárias em 1994. A seguir à independência, Moçambique adoptou um sistema marxista-leninista liderado pela Frelimo, que tinha como aliados os soviético e que nascera do grupo que tinha combatido o colonialismo português. Instalou-se uma guerra civil de 16 anos com a Renamo (Resistência Nacional Moçambicana), que provocou a morte de um milhão de pessoas e milhões de deslocados. Chissano cumpriu dois mandatos e saiu pelo seu pé em 2004. Hoje preside a uma fundação e dedica-se à agricultura.

Em 2010, publicou o livro *Vidas, Lugares e Tempos*, onde afirma que o racismo em Moçambique nos anos 1940 e 1950 era "pior que o *apartheid* na África do Sul", pois, apesar de a lei dizer que não havia segregação, "tudo estava bem separado". E descreve:

> Bairros de caniço para preto, bairros indígenas chamados mesmo assim desta maneira, "Bairro Indígena", caderneta indígena diferente do Bilhete de Identidade de branco, escola primária para preto,

> acesso ao ensino secundário dificultado para o preto e ingresso quase impossível no liceu até 1951.

Este retrato é tudo menos brando. E o quadro vivo que Chissano nos traçará também. Recebe-nos no seu escritório em Sommerchield, um dos bairros mais chiques de Maputo — um escritório que é uma estrutura com várias salas, jardim bem tratado e piscina. Os espaços públicos aqui estão bem cuidados, contrastando com a terra e pedras na estrada de algumas zonas da cidade. Chissano fala com muita ponderação.

> *Apartheid* significa desenvolvimento separado, e em Moçambique não havia pura e simplesmente desenvolvimento para os outros. Quando começámos a nossa luta de libertação, tínhamos duas pessoas formadas com título de doutor, o dr. [Eduardo] Mondlane e o dr. [Domingos] Arouca.

Além disso, havia as casas de banho para "europeus" e para "não europeus". "Nessa coisa de provocação, às vezes íamos à casa de banho de europeus", lembra, em tom de riso.

Chissano viveu várias situações de discriminação. Na altura em que Maputo era Lourenço Marques, sentou-se no lugar vago de um autocarro; um jovem branco entrou e o cobrador de bilhetes mandou-o levantar para lhe dar lugar — "e isso acontecia com pessoas idosas, tinham de dar lugar aos brancos". Havia um cinema para brancos, onde passavam filmes bons, e um cinema para negros, onde passavam filmes menores, lembra. Havia o sistema de assimilação e portanto o assimilado podia ir ao cinema para brancos, mas tinha de exibir o documento de assimilação. "Isso era algo de humilhante, ter de mostrar que já assimilou os valores dos brancos." Num restaurante, uma vez perguntaram-lhe: "Importa-se de se sentar lá atrás?"

Chissano lembra-se de conviver com angolanos de Luanda, nos anos 1960, "que estranhavam o que se passava em Maputo" porque não havia um *apartheid* tão forte na sua cidade. A desculpa que havia no tempo colonial para o racismo era que acontecia "uma discriminação involuntária feita na base das diferenças de rendimento económico", nota. Contudo, "essa justificação não cola. Agora que ficámos independentes, alcançámos esses níveis. Portanto, é porque não havia incentivos para essas pessoas singrarem na vida. Era a mesma gente!"

Hoje não há um problema racial em Moçambique, diz. A discriminação foi-se esbatendo — os grupos raciais convivem de acordo com as semelhanças, no entanto isso não se trata de racismo mas de cumplicidades, nota. Desenvolveu-se uma política deliberada pelo não-racismo, o não-etnicismo, o não-tribalismo. Porque a experiência do passado foi marcante. "Eu e todos os que participámos na luta libertámo-nos disso faz tempo."

Abandonamos a sala espaçosa, que dá para o jardim, após mais de uma hora de conversa. Joaquim Chissano tem um carro à sua espera.

> Continua a existir racismo por causa das sequelas. "Nós, os negros", ou "nós, os brancos", tem de acabar. Mas uma vez identificado isto, deve-se criar a vontade política de acabar com o racismo.

Noutro lugar da cidade, num dos *campus* da Universidade Eduardo Mondlane, Inês Raimundo (n. 1962), geógrafa doutorada em Migrações e directora adjunta para pós-graduação da Faculdade de Letras e Ciências Sociais, fala-nos daquilo que considera ser a permanência de um *apartheid* em Moçambique, em que as raças vivem separadas e pouco se misturam, mesmo agora. "O que cria essas diferenciações é o poder económico, mas quem tem fraco poder económico continuam a ser os negros", sublinha. Os moçambicanos de origem branca e indiana são os que detêm o poder; têm acesso a empregos com salários mais altos. "O negro fica lá, no subúrbio."

Em Maputo, essa divisão pode ser vista a olho nu, defende. "As questões raciais acabam por se misturar com as questões económicas." Por isso, já sentiu discriminação no atendimento em lojas de roupa, por exemplo. "O facto de acontecer num país africano é a parte mais dura. Fomos mentalizados de que somos de uma raça inferior. Vai levar muito tempo."

"LÍNGUA DE CÃO" E "LÍNGUA DE GENTE"

Eduardo Quive (n. 1991), poeta e jornalista, relembra que, oficialmente, não há racismo nem discriminação em Moçambique — até porque não se pode oficializar. Porém, considera que ainda existe um legado de políticas coloniais que afecta áreas como a língua, algo que foi usado também como forma de distinguir entre quem pertencia e não pertencia ao sistema.

Num país com mais de 20 etnias e 20 línguas, apenas 50% da população fala português (no meio rural, essa percentagem desce drasticamente e como língua prioritária falada em casa é pouco superior aos 12%).

Eduardo Quive está numa sessão de poesia a abarrotar, no Centro Cultural Alemão. Há gente de todas as idades. Jornalista num canal de televisão e colaborador de uma revista na área da literatura, diz:

> Quanto mais distantes estivermos de Maputo, mais vamos perceber que a língua portuguesa não é a mais falada. A cor transportou-se para a língua. Venho de uma família em que quando falava xichangana diziam: "Não fala língua de cão, a língua de gente é a língua portuguesa." Eu vivi isso e tenho 24 anos: imaginemos os que têm 30, 35 anos!

Ouvimos alguns jovens na sessão de poesia a recitar em português. A sala está cheia, imensa gente fica de pé. Lá dentro está um dos grandes nomes da literatura moçambicana, Ungulani Ba Ka Khosa (n. 1957), secretário-geral da Associação de Escritores Moçambicanos. Nasceu e cresceu em Quelimane, uma "das zonas mais crioulas", com grande influência do vale da Zambézia, onde há forte presença portuguesa desde o século XVI. Também ele lamenta o facto de as línguas nacionais terem sido subestimadas, porque "não tiveram a cidadania plena". "Hoje massificamos o ensino, mas não pensamos que o acesso da criança ao português na aldeia recôndita é difícil. Isso porque herdámos o olhar quase lusotropicalista de Portugal: somos mistos. E isso não vingou."

Filho de dois enfermeiros, assimilados, e pertencente à pequena elite negra, Ba Ka Khosa diz que, na sua geração, "com a intensificação da luta armada" houve uma espécie de corrida do colonialismo para a criação de uma classe média negra com o objectivo de travar as lutas pela independência — e as escolas secundárias começaram a crescer.

"A relação preto-branco sempre foi de olhar o branco de forma superior", diz, na sede da associação, em plena Avenida 24 de Julho. "Até porque o branco que chegou aqui foi da elite, não tivemos como em Angola o branco pobre. Nunca foi uma relação de igual para igual." No entanto, as relações foram-se alterando e "hoje não podemos falar de uma questão racial". Do que "podemos falar é de alguns conflitos que acontecem nas elites".

O autor de obras como *Entre as Memórias Silenciadas* (2013) ou *Ualalapi* (1987) afirma que ainda não houve um tempo histórico de grande convívio inter-racial no pós-independência, e que esta relação foi ideologicamente fechada porque "não se podem abordar questões de ordem racial e étnica", pois isso significa levantar, ao mesmo tempo, questões de tribalismo e de racismo; ou seja, ainda hoje "há uma camada de preconceito que se mantém".

Mesmo que existam manifestações individuais, o racismo não é um problema social em Moçambique, hoje: "Pode existir como complexo, mas não sinto que seja um grande problema." Esse "complexo de inferioridade é a grande herança do colonialismo que resta e de que o moçambicano tem de se libertar", sintetiza. "É a incapacidade de nos afirmarmos e de olharmos o que é nosso de maneira positiva. Também podemos dizer que fomos colonizados por um país periférico — e isso dá uma mentalidade periférica."

De qualquer forma, lamenta que em Portugal o desconhecimento sobre a cultura moçambicana, mesmo na elite, seja "total". Os moçambicanos, por outro lado, sabem muito sobre Portugal. "As relações de cooperação nascem, crescem e morrem na esfera económica. Na dimensão cultural, no sentido de conhecimento mútuo, não há uma política definida", critica.

RELAÇÕES IMPROVÁVEIS

Ickx Kwizera é fruto de uma "relação improvável" no seu país. O pai era ruandês, tutsi, e em 1976 foi para Moçambique trabalhar com os movimentos de libertação africana. Foi convidado pela Frelimo para ajudar no processo pós-colonial. A mãe é de origem goesa, emigrou com os pais para Moçambique quando era nova, e o facto de ter casado com um negro "foi uma coisa altamente improvável para a família e para a sociedade" na altura, explica o filho.

Ickx usa muitas vezes palavras e expressões em inglês, cresceu num ambiente internacional.

> Não tenho as feições do mulato. Pareço mais somali, etíope. Às vezes existe aquele olhar, mas eu não ligo. As pessoas não pensam que tenho um pai negro. Então é engraçado a perspectiva de como lidam contigo em relação a raças.

Ouviu muitas vezes palavras de espanto por a mãe se ter casado com um negro. Ouviu também chamarem-lhe "monhé" quando era miúdo. Hoje é comum ouvir na rua que quem é indiano tem mais dinheiro, porque há vários moçambicanos de origem indiana nos negócios — e houve até uma onda de raptos que atingiu estas comunidades.

A sala de jantar e de estar da casa de Ickx está cheia de fotografias. É um apartamento no centro de Maputo, numa das avenidas mais movimentadas e cobiçadas pelos grandes negócios. A empregada traz para a mesa o almoço. Ele vai mostrando as fotos antigas, passando os álbuns, apontando para as molduras. Numa delas aparece com a irmã na Avenida Julius Nyerere, a zona que tem as casas mais luxuosas, hotéis, embaixadas e onde fica o famoso Hotel Polana. "Os meus pais sempre me levavam ao Polana ao fim do dia quando iam beber o seu *drink*. Aqui estou eu a aprender a nadar."

Aos 28 anos, este relações públicas tem imensas actividades, além de organizar eventos como festivais, fazer traduções ou alugar casas a turistas. A sua empresa chama-se Yes — Young Entrepreneurial Solutions, e circula entre a classe média-alta.

Nota que, há uns anos, essa mesma classe média-alta estava mais interessada em usar marcas internacionais. Hoje, depois de alguns desfiles de moda e até de algumas lojas internacionais comercializarem roupa com tecidos africanos, o imaginário afro passou definitivamente a estar na moda.

Num festival de música que organizou em Maio, estava a designer criativa e activista cultural Witnei Alda Chamusso. Ela tenta, com o seu trabalho na empresa Wumburi, "promover e 'empoderar' a cultura moçambicana através da arte", do design de roupa, da poesia e da literatura.

São estes temas que explora, um pouco para divulgar e espalhar a informação sobre a cultura moçambicana, que "corre o risco de se perder". É uma jovem que usa tecidos de capulanas para desenhar saias com cortes modernos ou para os enrolar na cabeça como turbantes, de forma tradicional. Já foi entrevistada pela CNN por causa do projecto Wumburi.

> Vejo que os mais velhos ficam muito felizes [com a recuperação que faço da cultura tradicional], porque foi algo que se perdeu muito. Do lado dos jovens, também houve uma recepção positiva, mas há outros que dizem: "Estamos a tentar seguir a globalização e queres levar-nos de volta para aquilo que a gente passava há muito tempo."

No fundo, há uma geração que, mesmo sendo jovem, continua com determinados preconceitos sobre a cultura africana e o que ela representa, atribuem-lhe uma conotação negativa. Witnei viveu em Tóquio e na África do Sul, e só quando se afastou de Moçambique é que descobriu "que não sabia muito" sobre a sua cultura.

A Wumburi é também fundada pela amiga Eliana Nzualo (n. 1991), escritora que trabalha numa empresa de comunicação. "Em geral temos muitas referências ocidentais sobre aquilo que é a arte, o belo", comenta Eliana Nzualo na FEIMA, a Feira de Artesanato de Maputo.

A FEIMA é um parque onde vários feirantes têm produtos tipicamente moçambicanos à venda, de capulanas a cestos ou chapéus e sacos de verga. Há quem os pendure nas árvores, criando uma imagem onírica com os padrões africanos dos tecidos estampados nas malas de palha suspensas. De cabelo muito curto e pintado de loiro, Eliana Nzualo faz parte de uma geração de moçambicanos que estudou fora, viajou, traz influências cosmopolitas, tem informação sobre o que era o colonialismo e consciência do que significou para as relações raciais. Moçambique é um país jovem, em que 65% dos 25 milhões de habitantes tem menos de 25 anos, e 45%, menos de 15. "Tento usar o turbante duas, três vezes por semana. Temos o turbante para grandes cerimónias, é raro as pessoas usarem-no a uma segunda-feira. Queremos tornar isso algo normal. E aprender a usá-lo sempre."

Quando vai ter com os clientes de turbante, eles adoram, conta. É certo que a área de marketing e publicidade é mais aberta, mas Eliana nota que, aos poucos, tem havido um renascimento do que é africano. Vai também crescendo o "*afropolitan*", ou seja, o cruzamento entre o afro e o cosmopolita ocidental, que se nota fortemente em algumas zonas de Maputo.

Ambas consideram que existem tensões raciais em Moçambique. Witnei lembra um episódio num chapa (carrinha de transporte público onde raramente os brancos entram), em que um negro estava sentado, entrou um branco e pediram ao negro para ele se levantar. A discriminação nota-se em várias coisas:

> Vais a um restaurante e põem o preto à espera, porque o preto não tem a cultura de reclamar. Isso vem do tempo do colonialismo, em que a gente tinha de aceitar o pouco que nos era dado: se reclamasse, estava a reclamar de algo que muitos outros não tinham.

Para Eliana, existe "alguma tensão" racial, que "não é gritante, mas há muitas microagressões na forma como lidamos com raça". Explica:

> Há uma sobreposição ao nível das classes. Há uma classe dominante que fica com certo poder. É muito raro ver uma pessoa branca que trabalha para uma pessoa negra. Então cria-se a ideia de que o branco é rico, tem dinheiro, come de garfo e faca.

As microagressões passam por coisas como o facto de amigos de Eliana se espantarem por ela ter uma cozinheira mulata — existe a ideia de que "quanto mais claro, maior o poder".

Ela, que trabalha com arte, já viu muita gente fazer preços diferentes para brancos e negros, partindo do princípio que "os negros não sabem o que é arte" e o branco "tem dinheiro". Situações idênticas têm dado origem a críticas de racismo de brancos em relação a negros, um conceito com o qual, de resto, Eliana discorda porque "não existe racismo de uma pessoa negra para uma pessoa branca", defende.

> Racismo é algo institucionalizado. O branco continua a ter poder. A discriminação que uma pessoa negra sofre é todos os dias, em quase todas as esferas da sua vida. A discriminação que um branco pode sofrer é um episódio isolado de um único dia ou de um local específico — mas o branco continua a ser a norma, continua a ser a

> referência a nível de beleza, de estilo de vida porque fala uma língua ocidental, tem mais capacidade de viajar e um passaporte que o leva a mais lugares do que o meu passaporte.

Foi quando saiu de Moçambique que Eliana percebeu "que era preta". Já tinha tido amigos na escola portuguesa cujos pais não gostavam que as filhas namorassem com negros ou colegas que faziam comentários racistas. Porém, só mais tarde, quando cresceu, é que tomou consciência de que tinha sido racismo o pai de uma amiga ter dito "que os pretos só eram giros quando nasciam".

Depois começou a trabalhar e deu-se conta de que as posições de liderança eram reservadas a pessoas brancas, e sofreu mais episódios de "microagressões".

> No meu antigo local de trabalho, pedi demissão sabendo que queria agarrar outra oportunidade. E o chefe disse: "Sabes que é muito difícil para nós encontrar quadros moçambicanos de qualidade como tu." Para ele, aquilo era um elogio. Mas eu senti-me ofendida porque na cabeça dele não existem moçambicanos com capacidade.

E nota as diferenciações em outras áreas, como a literatura. Acha, por exemplo, que Paulina Chiziane, "uma grande escritora moçambicana que usa as histórias típicas moçambicanas, é posta de lado face a alguns escritores brancos". Isto porque ainda "é mais fácil digerir uma história africana escrita por um branco, como Pepetela ou Mia Couto, do que uma história negra escrita por um negro".

Trata-se de algo que reflecte "uma certa preguiça de perceber o que é o colonialismo e do que significa ser colonizado". No fundo, "a independência não se dá de um dia para o outro" e

Moçambique ainda está a viver esse processo. "São centenas de anos em que fomos treinados a pensar de certa forma."

TRANSFORMAR DIFERENÇA EM DEFEITO

Eliana é da geração que não viveu o colonialismo, mas tem "as cicatrizes desse tempo". Sabe que a experiência de racismo da geração mais velha "é muito mais forte" do que a dela e também é mais "a preto e branco". Para eles, nesse tempo, havia "um racismo visível, evidente". Havia segregação, havia até um bairro que se chamava "indígena" (e que ainda hoje é assim referido). "Claro que percebo que, para uma pessoa nos seus 50 e muitos anos, o racismo já não é um problema."

A geração de Eliana vê sinais discriminatórios que pessoas de uma outra geração encaram como menos pesados. Epifânia Langa (n. 1992), economista, não tem dúvidas de que a herança colonial é forte em Moçambique. "Podemos não ter vivido, mas os nossos pais carregam dentro deles essa realidade."

Epifânia acredita que o racismo é sentido de maneira diferente entre os mais novos "porque as expectativas são diferentes", sublinha.

> As expectativas de tratamento da minha mãe em relação a um português vão ser relativamente mais baixas porque ela tem ideia do que é o sofrimento, aquela discriminação forte que existia na altura de não se poder sentar numa mesa de um restaurante, de não poder entrar numa loja. Nós, da nova geração, temos expectativas muito mais altas. A pessoa mais velha não vai questionar o seu salário, enquanto o jovem vai. A expectativa da geração mais nova é ganhar muito mais espaço do que tem agora.

Até aos anos 2000, o patronato era sobretudo branco, analisa a jovem economista, e ainda hoje é sobretudo assim.

> A emergência de um patronato moçambicano é recente. A imagem do patronato que carregamos no nosso inconsciente é de uma pessoa branca, e o respeito é maior quando ele é branco porque se impõe como tal. Do lado de alguns portugueses, ainda acontece aquele pensamento de que existe uma raça que é superior — não conseguem perceber que um moçambicano pode gerir uma loja, não ser só servente. É uma luta que está a ser travada e a pouco e pouco a situação há-de melhorar. Então existe racismo. Mas está a ser cada vez mais reprimido porque a nova geração tem uma maneira de pensar diferente, entende o seu lugar, o seu papel como moçambicano.

"Racismo é negar que o outro seja diferente e transformar a diferença em defeito: ser negro é um defeito, é ser inferior", comenta Francisco Noa, doutorado em Literaturas Africanas de Língua Portuguesa com a tese *Literatura Colonial. Representação e Legitimação — Moçambique como Invenção Literária*. Com grande convicção nas suas opiniões, o também reitor da Universidade Lúrio continua: "É como se o negro fosse obrigado a abdicar da sua condição. É por isso que tivemos a assimilação."

Francisco Noa acha que a questão racial tem sido um tabu em Moçambique e "quando emerge é imediatamente abafada como se fosse algo politicamente incorrecto", nota. "O colonialismo português também foi um pouco puritano ao se considerar não racista e isso acabou por dar azo ao lusotropicalismo." Porém, não tem dúvidas sobre o seu carácter racista, algo que até está impresso na obra de grandes intelectuais do século XIX: "Oliveira Martins,

Ramalho Ortigão, o próprio Eça de Queirós tiveram discursos racistas em relação a África e isso está documentado", sublinha.

O discurso de Salazar era quase sempre paternalista, indo buscar as teorias do lusotropicalismo "para branquear e adocicar o racismo". O exemplo que essas teorias vão buscar é o do mestiço, mas, como nota Francisco Noa, "muitas dessas relações não eram normais, eram relações absolutamente espúrias". Ao reitor assusta que em Portugal, muitas vezes, o discurso resvale para a falácia de o colonialismo português ter sido mais suave, "o que não é verdade". "Havia um racismo institucionalizado. A questão racial ficou congelada." E assim permanece, mesmo que de forma subconsciente, vindo à superfície nos momentos de conflitos socioeconómicos e políticos.

Apesar de tudo, os mecanismos de regulação existem e impedem que se façam determinados comentários. Contudo, impera aquilo que Noa chama "uma atitude defensiva".

> Quando se toca na questão racial, imediatamente surgem mecanismos sublimatórios e de negação, porque é uma situação incómoda. Mas acaba por ser algo absolutamente traiçoeiro, porque foi esse o discurso que o colonialismo usou: "Não somos racistas, temos um bom colonialismo." E nós herdámos isto.

Ou seja, apesar da grande diversidade racial, étnica, cultural e linguística que existe em Moçambique, há "uma conspiração do silêncio, como diz o [teórico do pós-colonialismo indiano] Homi Bhabha". "As pessoas não estão habituadas a falar destas coisas sem ser de forma maniqueísta", critica.

> A situação colonial criou claramente uma vantagem para os brancos. Agora não posso dizer que a sociedade moçambicana é racista. Mas, por causa dessas situações que transitaram sem terem sido processadas, [a questão racial ficou] numa zona que é um limbo. E em determinados momentos de conflito, reaparece como álibi.

Os problemas de racismo não se resolvem apenas com vontades políticas, são precisos alguns anos, lembra Teresa Cruz e Silva (n. 1951). "Na história de Moçambique, há uma relação entre raça e classe, que depois é transferida para a própria independência", analisa a directora do Centro de Estudos Africanos da UEM. "Quando entrei para a universidade, havia falta de professores e de estudantes — contava-se pelas mãos o número de estudantes negros."

Encontramo-nos ao final do dia, quando o horário pós-laboral está a começar. O *campus* é amplo, anda-se de carro lá dentro para ir de um departamento a outro. Há espaços verdes entre os edifícios baixos e muitos jovens em grupinhos. A terra vermelha lembra-nos que estamos em Moçambique. Na altura, antes de 1975, era normal Teresa Cruz e Silva não ver alunos negros na universidade: a taxa de analfabetismo em Moçambique era das mais altas do mundo (93% em 1975), só havia uma universidade, e o número de estudantes universitários era reduzido. Hoje acontece o inverso, descreve a historiadora: "Não me lembro, nos últimos anos, de ter um estudante não negro, o que é um processo normal porque estamos em África." Agora, 40 anos depois da independência, Moçambique tem cerca de 50 instituições de ensino superior, entre públicas e privadas (dados do Ministério de Educação, de 2013).

A democratização da educação é um dos "orgulhos" dos moçambicanos. Conseguiu-se diminuir a taxa de analfabetismo, embora ainda continue a ser das mais altas, com mais de 40%. Esta cidade são várias cidades, recorda, e, dependendo do estrato social, encontramos diferentes cores. "Muita gente vem a Maputo e diz: 'Meu Deus, a Julius Nyerere está cheia de brancos!' Não quer dizer que seja uma manifestação de racismo." Vem do facto de ser o lugar onde estão as embaixadas, onde os brancos de classe mais alta tinham casas. O processo de olhar para o branco como superior foi-se apagando, acredita, e em determinadas zonas do país há quem nunca tenha visto brancos: "Aí, será que a gente pode falar de racismo?"

Existem os saudosistas, os que ainda vivem resquícios do colonialismo, mas estas fatias são residuais. Afirma convictamente que a raça não é hoje um problema em Moçambique. "Não encontro no dia-a-dia qualquer manifestação racista."

Relembra que Portugal só conquista o domínio de Moçambique a partir de finais do século XIX. É no início do século XX que há a instauração de uma administração portuguesa. Teresa Cruz e Silva não tem dúvidas de que o processo de miscigenação não era pacífico: não havendo *apartheid* declarado, havia *apartheid*. "Encontramos muitas famílias em que os pais brancos não registaram os filhos. As teorias de Gilberto Freyre não colaram." A própria avó de Teresa Cruz e Silva nunca viveu com o pai dela, que era branco.

Tendo vivido numa situação privilegiada, Teresa Cruz e Silva nunca sofreu discriminação racial, sublinha.

> Sou o resultado do processo de colonização e de vivermos numa área geográfica que foi de comércio internacional, mesmo antes da chegada dos portugueses. Na minha família somos miscigenados de portugueses e católicos — basta ver o meu nome —, moçambicanos negros do Sul, indianos e árabes.

No seu registo de nascimento vinha "raça mista". "Como a tentativa do sistema era cooptar essas pessoas, eu tinha acesso às mesmas coisas."

Andou em escolas privadas, entrou na universidade sem problema. Seria depois convidada a fundar o Centro de Estudos Africanos, concretizando o sonho dos que lutaram pela independência de escreverem a sua própria história de Moçambique. "Acho que continuo a ser privilegiada neste momento. Se o hospital público não me serve, eu vou para o privado porque posso pagar. Bato-me pelos meus direitos como mulher, cidadã." Porém, às vezes, as pessoas têm dificuldade em separar o social do racial — a discriminação pode ser de classe e não de raça, acredita.

O ESTIGMA DO MESTIÇO

Tassiana Tomé, 25 anos, trabalha numa ONG que desenha estratégias de advocacia e políticas públicas. Licenciou-se em Sociologia e Antropologia, na Holanda, e fez mestrado em Desenvolvimento, em Londres — ou seja, esteve fora de Maputo durante seis anos.

Vive num andar alto de um prédio de onde se avista Maputo, os telhados das casas, os minaretes das mesquitas, o fumo da poluição. Na sua varanda estão penduradas umas caixas de madeira pintadas com umas plantas. A sala está decorada em tons sóbrios. Na altura em que nos encontrámos, Tassiana dividia o apartamento com uma mulher latino-americana que está em Moçambique a trabalhar numa ONG.

Com mãe de origem lusa, estudou na escola portuguesa. Acha que se nota na sociedade moçambicana "alguma internalização do racismo", em coisas como "enquanto negra talvez vá servir primeiro a pessoa branca antes de servir a pessoa negra". Não duvida de que "o racismo em si, o facto de termos assimilado um certo tipo de inferioridade, veio do colonialismo". A sua família é muito diversificada racialmente: a mãe é branca, os irmãos são negros, ela classifica-se como negra apesar do seu tom de pele claro. "Por razões políticas prefiro associar-me a *black*, por ser uma categoria que esteve sempre marginalizada. Então é um *statement*, 'sou pessoa negra'." Actualmente, confronta-se mais vezes com comentários a acusá-la de não ser "moçambicana autêntica", algo que ouviu sobre a mãe e a tia, brancas. Sente, até, que isso está "mais forte" agora, "não só pela imigração mas pelo tipo de governação que temos". "Acho que a questão do racismo ficou muito negligenciada. É uma discussão pouco existente nas escolas."

Nos países onde estudou, sentia que as pessoas a viam "de forma muito ambígua". "Nunca sabiam onde me colocar": "És de África? Mesmo de África?" Já em Portugal sentia "percepções racistas", algo difícil de desconstruir, pois são preconceitos "sobre o negro, a pele, sobre a cultura, o país, a noção de que somos atrasados e ignorantes". "Só o falarem 'vou para África' incomoda-me — há essa redução da pluralidade africana." Ainda hoje algum do olhar exterior sobre Moçambique transporta a ideia de que "este país é subdesenvolvido". O racismo, sente-o em expressões subtis como o facto de haver "muita exoticização, mesmo nas pessoas que não se consideram racistas", comenta. "Isso é muito mais difícil porque mexe com questões políticas e económicas, e com o preconceito maior da noção de desenvolvimento e de como se encaram as noções de se ser moderno ou atrasado."

A figura da mãe foi muito importante para desracializar o conceito de moçambicanidade e para crescer com um sentido de pluralidade. Por outro lado, em determinadas situações do dia-a-dia, como o atendimento em restaurantes, notava o privilégio de tratamento concedido à mãe, como se fosse estrangeira, e o tipo de simpatia diferente com que era tratada, o que a fez "perceber essa ideia de tratar o branco como superior". A sua geração é mais aberta, tem mais acesso a informação, "mas sente-se a segregação pela estratificação económica".

No bairro onde Carlos Bavo vivia nos anos 1980, a distinção maior era entre os mestiços e os negros. Licenciado em Sociologia e com mestrado em Estudos Africanos do ISCTE, em Lisboa, diz que "era muito mais fácil fazer pouco dos mulatos por causa da cor da pele". Era comum usarem-se expressões ofensivas como "és mulato, és da cor do mijo e por causa dessa mistura és bandido, o teu comportamento arruaceiro vem de seres mulato". Ser mestiço "era associado a comportamentos erróneos". Mas isso mudou, considera. Ele próprio tem um sobrinho mestiço na família, fruto da relação da irmã com um homem branco. Na altura, essa relação não foi bem vista, até porque a irmã acabou por ser mãe solteira. "Isso mudou muito a minha maneira de ver e foi sendo reforçado com o meu próprio crescimento e uma leitura mais justa da sociedade."

No entanto, admite que ainda hoje há preconceitos, e que se olha para as mulheres que se envolvem com brancos como interesseiras, algo que na altura ainda era mais exacerbado: "Uma negra não se podia apaixonar por um branco."

Ainda hoje existe o estigma do mestiço. Danilo da Silva (n. 1980), director executivo da ONG Lambda, que defende o reconhecimento dos Direitos Humanos das pessoas LGBT (lésbicas, gays, bissexuais e transexuais), tem um companheiro branco e, nos espaços públicos, a sua relação inter-racial é alvo de discriminação. As relações inter-raciais em geral "são estigmatizadas", pois não são vistas como genuínas "mas fruto de uma suposta troca": "Ou seja, os negros casam com brancos para ter acesso a recursos, este é o preconceito." Ele nota que em determinados espaços — por exemplo, num restaurante — "a conta vem automaticamente" para o companheiro branco, porque "as pessoas assumem que quem tem mais recursos é o branco, que é quem paga as contas".

Outro exemplo regular é chegarem ao mesmo tempo a um lugar e o companheiro ser atendido primeiro. Danilo da Silva sente-se mesmo mais discriminado pela raça do que pela sua orientação sexual: "Pelo menos nos sítios onde vou, e nos espaços que ocupo, a minha orientação sexual não vem muito à tona." Algo que vem à tona, sim, é a questão racial. "Mesmo na classe média e média-alta não houve este processo de desconstrução dos estereótipos", critica.

"Seu mulato!": foi o que o escritor Raúl Calane da Silva (n. 1945) ouviu muitas vezes. "Era uma carga terrível", lembra.

Filho de mãe moçambicana de origem hindu e de pai português, lembra-se de ter à mesa de jantar uma mistura gastronómica que espelhava a diversidade cultural da sua família. "As pessoas esquecem-se que o litoral de Moçambique foi, durante 1200 anos, multicultural. Aqui miscigenaram-se povos vindos da Arábia, da Pérsia, da Índia, da China."

Calane da Silva escolheu o restaurante Continental, bem na baixa da cidade, para a entrevista, e muito por causa da sua simbologia. Com os *txopelas* (*tuk-tuks*) e vendedores ambulantes à porta, o restaurante serve hoje em dia muitos turistas. É um dos ex-líbris de Maputo, com uma esplanada recente, mas lá dentro ainda conserva uma iconografia que remete para a época da independência — há uma espécie de escultura incrustada na parede com uma jarra, foice, uvas e as inscrições "trabalho" e "alegria". Lá dentro está tudo renovado, paredes e mobília.

Era o lugar onde os intelectuais iam, "mas contavam-se pelos dedos os indivíduos não brancos". Aqui, no início dos anos 1960, "um indivíduo negro não se sentava com o à-vontade com que se senta hoje". Não eram fora de comum as histórias de segregação. Por exemplo, a sua mãe, lembra Calane da Silva, foi barrada de entrar no Cinema Variedades, hoje Cinema África, por ser negra.

FORMAS SILENCIOSAS

Hoje, as relações raciais estão em fase de transição, observa Calane da Silva, que foi um dos que se insurgiram contra o facto de os manuais escolares moçambicanos pós-independência apenas mostrarem heróis negros — acha que isso "é desprezar o outro, é racismo, xenofobia".

No livro *Meninos da Malanga*, Calane brinca com a hipocrisia do multiculturalismo salazarista. Hoje diz que as restrições o ajudaram, na altura, a ter mais consciência da necessidade de lutar contra o colonialismo. "Sou figura pública, mestiça, adopto as culturas moçambicanas, estou à vontade", conclui o escritor, que fala rápido e de forma convicta, habituado a conversar com jornalistas como ele.

Paulina Chiziane (n. 1955) recebeu o Prémio José Craveirinha em 2003, e tem criticado o colonialismo português e a faceta racista do sistema. A escritora não tem meias palavras:

> Antes havia racismo visível e sabíamos qual era o espaço do branco e do negro. Ficámos independentes, o racismo foi proibido, houve todo o trabalho para que não existisse. Hoje, legalmente, não existe. Mas na prática assumiu formas mais silenciosas. Viaje para a Zambézia e vá a um banco: veja quem trabalha na caixa. São apenas mestiços. Vá às companhias aéreas: as hospedeiras não são negras.

> Basta dar uma volta à cidade: quem vive aonde? Os negros comuns estão fora ou no campo.

Não é propriamente na literatura que esta distinção existe, é sobretudo na área económica, analisa a autora, também membro da Associação dos Escritores Moçambicanos.

> A destruição do eu do negro vem de há séculos e a mudança não pode ser feita de um dia para o outro. Mesmo sem se aperceber, o negro submete-se ao branco. O processo de [recuperação da] auto-estima e descolonização vai durar séculos.

Quarenta anos é pouco para esquecer a colonização. Portanto, os imigrantes que chegam a Moçambique, especialmente a nova vaga de emigração portuguesa, "que venha com humanidade", diz.

Não se lembra de viver situações de racismo no pós-independência, mas viveu os seus primeiros 18 anos sob o regime colonial. Recorda-se de ser uma das melhores estudantes da turma e de ter a melhor nota a Matemática.

> A professora ficou furiosa e disse: "Seus brancos, o que é que vocês pensam, até uma preta foi capaz de ser melhor?" Rasgou e anulou o meu teste. Fiz novo teste e tive nota mais baixa. E disse: "Viram, assim é que é, o branco nasceu para ser superior e o lugar do negro é no chão."

Paulina teria uns 14 anos, chegou a casa a chorar. O pai consolava-a dizendo que já era uma sorte ela poder ir à escola. "E eu não era assimilada. O meu pai dizia: 'Eu, assimilar os valores portugueses? Prefiro morrer.'"

Relembrar esta época é-lhe muito doloroso, porque significa "pensar que um ser humano pode ter este ódio por outro". Há uma pausa. Diz, com a voz emocionada:

> Não consigo encontrar um continente que tenha sofrido tanta repressão como o continente africano. Alguém que vem e que ocupa, pisa, mata, desfaz: porquê? Há um trabalho muito grande a fazer. Não foi apenas em Moçambique, foi na África toda. Quantos milhões de pessoas morreram nesta saga do colonialismo, porquê e para quê?

NA ROTA DA ESCRAVATURA EM MOÇAMBIQUE

Em Moçambique, várias cidades foram emissoras de escravos, nomeadamente a Ilha de Moçambique, em tempos capital do país. Em Maputo, antiga Lourenço Marques, há a Fortaleza, que ainda hoje conserva o muro de tijolo laranja. Fica junto ao porto de pesca e lá dentro está a estátua de Mouzinho de Albuquerque, governador de Moçambique entre 1896 e 1897. Está também conservado o símbolo máximo deste tipo de edifícios: o canhão, para defender e atacar.

A Fortaleza de Maputo é um marco da presença colonial. Era uma forma de proteger a cidade e de controlar o comércio de escravos. Benigna Zimba, historiadora, lembra que a presença colonial portuguesa em Moçambique começa entre 1497 e 1505, e isso significa uma presença nos portos — em Maputo, conhecida por "baía Lourenço Marques", ou "Lagoa Bay"; em Inhambane; em Quelimane, na Ilha de Moçambique, no Norte —, "onde havia pouco controlo da presença colonial".

Porém, a instalação da administração portuguesa não se deu antes dos finais do século XVIII / princípios do século XIX. "Os portugueses eram corridos", afirma.

Não existem dados certos sobre o número de escravos que saíram de Moçambique, mas a historiadora refere exemplos que dão uma ideia da dimensão do tráfico: num ano registou-se a saída de 15 a 20 mil escravos. "Genericamente, podemos dizer que nos primeiros anos do século XIX houve uma saída maciça de escravos." A zona de Moçambique representou, de resto, quase 5% do comércio, segundo fontes como Paul Lovejoy.

No final do século XVIII saíam escravos baptizados de Moçambique, e isto facilitou os registos, porque nessa altura tinha de se lhes atribuir um nome. Ter um nome e ser baptizado era o "estatuto mais elevado" para alguém que não era considerado um ser humano: "Escravo é o que perde a qualidade de pessoa, tem marca como se fosse boi, mercadoria", diz a historiadora. "Quando era vendido, era colocado numa hasta, viam-se os dentes, como se fosse um animal."

É de notar que "a economia escravista tem um período de duração curto", diz Benigna Zimba, "porque as pessoas morrem, é preciso ter novo sangue e não é fácil". É daí que surge a necessidade constante de se arrasar cidades e vilas, de resgatar escravos para alimentar o tráfico.

A partir do Forte, caminhamos um pouco até chegarmos ao Museu da Moeda, na baixa. Grupos de estudantes entram e saem do edifício amarelo, de um andar, um dos mais antigos da cidade (1787). Numa das salas distribuem-se mapas, imagens que fazem alegoria às situações de troca entre moçambicanos e portugueses, moedas expostas em vitrinas. Num dos mapas vê-se o território do império colonial português. Lê-se: "A força do trabalho e a vida dos camponeses era exportada em troca de patacas para enriquecimento das Américas e ilhas do Índico."

Quando a administração portuguesa chegou, foi encontrando "certo tipo de escravatura", a escravatura doméstica, exemplifica a historiadora, em que uma família entregava um filho a algum compatriota por causa das condições económicas, com o objectivo de ali ser criado: "Não vive necessariamente como escravo que perdeu a propriedade de pessoa, é para trabalhar para alguém."

Benigna Zimba comenta, apontando para um quadro com o desenho a preto e branco onde há um pequeno barco com vários homens:

> Estas imagens são ilustrativas daquilo que era o comércio de escravos. Estamos a ver o barquinho pequeno, que não pode levar muita gente, mas atrás vemos uma embarcação maior. O barquinho pequeno era providenciado pelos chefes locais. [Os que partiram daqui] foram levados com a conivência dos chefes locais.

Estamos agora junto a uma vitrina com várias moedas utilizadas em Moçambique. Benigna Zimba tem um livro na mão com o registo de venda de escravos. Em 1760, uma escrava e a filha são vendidas por cinco meticais, cinco tangas — "um bom preço", sublinha.

Por causa da sua função reprodutiva, as mulheres tinham um valor um pouco mais alto, diz a historiadora. Eram também mais fáceis de capturar.

> A partir do momento em que a mulher tivesse um filho, assume-se que vai crescer e ser outro escravo. A mulher escrava, quando entrava no barco, tinha outros problemas, como ficar mais vulnerável a todas as vicissitudes da viagem, a ficar sem água; se estivesse grávida, com um bebé pequeno, o nível de mortalidade e probabilidade de não chegar ao destino era maior.

Para a historiadora, o papel da mulher na escravatura foi extremamente interessante "na medida em que ela não se faz de vítima": há vários relatos que contam que, no processo de captura, para evitar ser violada e violentada, para evitar que lhe matassem os filhos e o marido, a mulher acabava por se entregar. "Há um papel vitorioso da mulher", nota, porque quando os escravos estavam a ser vendidos, os comerciantes e os potenciais compradores batiam nos escravos, testando quem chorava — e "quem mais chorava significava que era menos forte". "A mulher, ao apanhar, acabou por arranjar uma maneira de chorar para dentro. Essa maneira de chorar fica até aos dias de hoje: chora pelo coração, chora sem berrar, chora sem dizer palavras."

Em Moçambique há danças e mímica ligadas à colonização, observa. "Ainda dançamos a retratar o que foi a escravatura. A escravatura ainda está na cultura. Há sempre algo que subsiste, que não se tira com tratados."

Isto aplica-se à própria realidade moçambicana e às dinastias que tiveram fortes laços com o sistema colonial. Não é fácil fazer com que um descendente de régulo — regra geral, um "chefe negro moçambicano nomeado pela administração colonial para gerir uma região" — entenda que o progenitor era "um grande escravocrata".

> Muitos de nós, moçambicanos, não sabemos que foram compatriotas que participaram e tiveram um papel crucial sem o qual os portugueses não tinham como caçar escravos. Já vimos que à frente das caravanas está sempre um africano. Há uma elite [africana] que beneficiou do comércio de escravos.

Também em Moçambique a Igreja Católica ficou associada à colonização portuguesa como o seu "braço direito", com os escravos a serem abençoados pelos padres. Mesmo no século XX, o trabalho forçado teve a conivência da Igreja. Sublinha ainda que parte da catedral de Maputo, de 1936, foi construída recorrendo ao trabalho forçado — uma continuidade do trabalho escravo.

> Falamos de um legado e esse legado é ideológico. Acabou a escravatura e o trabalho forçado mas ficou uma mentalidade, e uma forma de submissão que é transmitida intrinsecamente de geração em geração — e isso até hoje, para determinados sectores sociais, ainda existe. A submissão não desaparece em 40 anos, a colonização mental não desaparece em 40 anos. Há sempre sequelas.

POSFÁCIO

AS GRAMÁTICAS DA DIFERENÇA QUE O RACISMO NOMEOU

Em 1944, Hannah Arendt argumentou que apenas duas ideologias se mostravam então capazes de sobreviver ao confronto com a "disputa vincadamente competitiva da persuasão" das massas. A primeira propunha uma interpretação da "história como uma luta económica entre classes". A segunda postulava uma interpretação da "história como uma luta natural de raças". Na sua opinião, a ideologia do racismo constituía uma justificação instrumental produzida pela competição interimperial e pelas respectivas "estratégias nacionais", sendo necessário distingui-la do pensamento racial (*race-thinking*) com origem em investigações associadas ao dito "racismo científico" ou à raciologia. O racismo seria, assim, um produto do imperialismo, não do pensamento racial. Seria uma arma política, não uma doutrina teórica. Ganharia vitalidade e dimensão fora das torres de marfim académicas, sendo resistente às verificações e correcções que nas últimas eram esgrimidas. O seu argumentário — plástico e em permanente negociação e contestação — sobreviveria a uma "biblioteca de refutações". Ademais, os significativos poderes encantatórios de ambas as ideologias, capazes de apelar e mobilizar em larga escala e com igual fervor, haviam sido apropriados pelos estados. As ideologias tinham sido tornadas doutrinas nacionais oficiais. Esta imunidade dogmática a "factos passados e presentes" era, e é, uma característica inultrapassável do pensamento e da performatividade prosélita do(s) racismo(s) e, assim sendo, constitui, ou deve constituir, um dado central na interrogação das suas manifestações históricas.[1]

Um outro factor contribuiu, e contribui, para esta manifesta imunidade do racismo ao pensamento crítico rigoroso. A poderosa disseminação social do racismo, cujos princípios são facilmente refutáveis mas parecem ser dificilmente extinguíveis, sempre esteve associada a acções e reflexões de natureza virulenta, violenta e emotiva, invocando e mobilizando ódios e receios vários. O racismo foi, e continua a ser, um elemento central nas variadas políticas do medo e do terror. As características do racismo supra referidas, que marcam indelevelmente os processos de racialização *in acto* e *in situ*, dificultam sobremaneira a sua confrontação e desfundamentação.[2] Tornam ainda difícil aceitar o argumento de que o racismo resulta, apenas ou essencialmente, de uma mera instrumentalização racional por parte de certos actores históricos (como pode ser, em certo sentido, depreendido da leitura de Arendt). O racismo foi certamente uma gramática organizadora e legitimadora de uma "ordem imperial" moderna, contribuindo para uma intensa politização da cultura a uma escala global, reorganizando e transformando as formas de imaginar e definir

1 Hannah Arendt, "Race-Thinking Before Racism", *The Review of Politics*, vol. 6, n.º 1 (1944); Kathryn T. Gines, "Race Thinking and Racism in Hannah Arendt's *The Origins of Totalitarianism*", *in* Richard H. King e Dan Stone (eds.), *Hannah Arendt and the Uses of History: Imperialism, Nation, Race, and Genocide* (New York/Oxford: Berghahn, 2007).

2 Por "racialização" entende-se a articulação entre, por um lado, "dimensões práticas ou institucionais" — os processos de formação de um racismo institucional — e, por outro, "dimensões ideológicas" — a elaboração e uso da ideia de raça como princípio que governa a categorização de populações. Veja-se, por exemplo, Rohit Barot e John Bird, "Racialization: The Genealogy and Critique of a Concept", *Ethnic and Racial Studies*, vol. 24, n.º 4 (2001), e Karim Murji e John Solomos (eds.), *Racialization: Studies in Theory and Practice* (Oxford: Oxford University Press, 2005).

as alteridades relacionais que lhe antecederam. A diferenciação cultural passou a acarretar, de modo conjugado, a marcação literal e física da diferença (a agregação de caracterizações culturais, morais e cognitivas a particularidades fenotípicas), a racionalização das hierarquias do privilégio e do lucro, a consolidação de regimes de trabalho úteis ao desenvolvimento do capitalismo e ainda o suporte "psicológico" da pluralidade de mecanismos sociais, políticos e culturais, *lato sensu*, que possibilitaram, não sem resistências várias, a exploração e a dominação coloniais.[3]

A produção histórica de distinções raciais e a sua activação política, legal, moral, social e económica — assentes em diversos mecanismos e processos que não são obviamente exclusivos de contextos imperiais e coloniais, sendo igualmente predominantes em contextos pós-coloniais — produziram diferentes "regimes de raça", como lhes chamou recentemente Patrick Wolfe.[4] Estiveram igualmente associadas a diferentes modalidades de administração político-social e de exploração económica de grupos étnicos específicos. As (geo)políticas do trabalho e da propriedade, com expressões locais mas seguramente articuladas numa escala global,

3 Ann Laura Stoler, *Race and the Education of Desire: Foucault's History of Sexuality and the Colonial Order of Things* (Durham: Duke University Press, 1995).

4 Por exemplo, o sistema escravocrata nos Estados Unidos acarretou um regime racial polarizado, enquanto no Brasil resultou num *continuum* plural de categorizações raciais, cujo número de categorias chegou a atingir uma centena e meia. Em ambos os casos, as estratégias de acomodação ou oposição às suas consequências políticas, sociais, económicas e culturais foram diversas. Alguns destes aspectos são tratados de modo estimulante no mais recente livro de Patrick Wolfe, *Traces of History*, que nos oferece uma incursão histórica pela problemática do racismo, que compara processos e "regimes de raça" enquanto "traços da história" na Austrália, nos Estados Unidos da América, no Brasil, na Europa Central e na Palestina e Israel. Patrick Wolfe, *Traces of History: Elementary Structures of Race* (London: Verso, 2016).

foram exemplos claros desta relação.[5] Estes regimes são "traços da história", desenhados por modalidades diversas de dominação e exploração, que enraizaram formas duradouras de identificação, classificação e diferenciação racial, particularmente visíveis em contextos imperiais e coloniais. Nestes, relações coloniais particulares suscitaram, e foram suscitadas, por discursos e práticas de distinção racial específicos. Os regimes e as políticas da diferença foram causa e resultado de configurações coloniais precisas e dinâmicas, condicionando os recursos e as estratégias de resistência à sua efectivação e condicionando, também, os legados, as memórias e pós-memórias da sua história plural.

Neste sentido (com as reservas que os argumentos de atribuição causal evidente deste género exigem), a "raça é o colonialismo a falar" de modos diversos, que, por sua vez, correspondem à multiplicidade de relações desiguais que pautaram as situações coloniais. O mesmo sucede com o racismo. A centralidade do pensamento racial e do racismo, assim como da racialização, na "álgebra da desigualdade", tão poderosa no seu alcance e nos seus efeitos duradouros em contextos coloniais, foi notória e dificilmente pode ser questionada. As lógicas discriminatórias de "inclusão *versus* exclusão, exploração *versus* privilégio, pureza *versus* perigo" — esta última, uma fértil alusão ao perspicaz entendimento de Mary Douglas — foram institucionalizadas, incorporadas (nos vários sentidos do termo) e espacializadas com reverberações que ainda hoje perduram. Nas linguagens, nos símbolos, na iconografia, nos corpos e nas paisagens, com maior incidência nas urbanas. Os esforços de promoção e de conservação de uma re-

5 Miguel Bandeira Jerónimo, "The 'Civilization Guild': Race and Labour in the Third Portuguese Empire c. 1870-1930", *in* Francisco Bethencourt e Adrian Pearce, (eds.), *Racism and Ethnic Relations in the Portuguese Speaking World* (London/Oxford: Oxford University Press, 2012).

lação umbilical entre reprodução social e reprodução biológica foram poderosos, eficazes e duradouros, garantindo de permeio a resiliência histórica da reprodução local e global de hierarquias e desigualdades sociais profundas.[6]

Os ecos e os efeitos das desiguais relações imperiais e coloniais persistem com clareza, de modo mais ou menos visível, sem que isso implique necessariamente a aceitação acrítica de um raciocínio teleológico ou determinista na interpretação histórica. O dinamismo das reconfigurações históricas das articulações entre regimes da diferença e relações sociais, ou a diversidade histórica (e variação geográfica) de gramáticas da diferença racializadas, não autorizam simplismos e simplificações. A "versatilidade estratégica" dos usos da racialização — entre a possibilidade e utilidade do indivíduo reformável e a demonstração da sua incorrigibilidade cultural e social que tanto legitimou regimes de excepção como alimentou temores da mudança social — foi sempre notável, a sua capacidade de adaptação a contextos históricos e dinâmicas político-sociais distintos inegável.[7] Porém, enquanto prolífica e heterogénea gramática do quotidiano, de origens nem sempre claras e suscitando poderosos efeitos, visíveis ou não, o racismo não foi, e não é, um produto originário de uma academia ao serviço das geopolíticas imperiais, como não foi, nem é, apenas um produto da necessidade de legitimação *racional* de actores históricos. Nem no passado, nem no presente, ainda que muitos sectores da academia que competiram pelo reconhecimento da sua própria utilidade na imaginação política imperial tenham colaborado, e alguns continuem a colaborar, tanto na naturalização

6 Patrick Wolfe, *op. cit.* e Mary Douglas, *Pureza e Perigo. Ensaio sobre as Noções de Poluição e Tabu* (Lisboa: Edições 70, 1991).
7 Patrick Wolfe, *op. cit.*

do preconceito como no obscurecimento da sua relevância histórica e contemporânea. A racialização do preconceito precedeu os preceitos e protocolos de diferenciação, classificação e discriminação formulados pelas ciências naturais e sociais de oitocentos em diante, como de modo convincente e sustentado foi proposto por Francisco Bethencourt no seu seminal livro *Racismos*. Estas contribuíram para um momento importante de naturalização, institucionalização e disseminação de discursos e práticas de discriminação — em manifesta interdependência com os projectos de expansionismo imperial de oitocentos —, mas a conjugação entre preconceitos étnicos e acção discriminatória remete para genealogias mais antigas e configurações diversas, surgindo com frequência associada a contextos ou conjunturas de mobilização e conflito políticos específicos, amiúde centrados em disputas de natureza económica e geopolíticas. A competição pela "tomada de posse do mundo" e pela sua imaginação cartográfica e iconográfica, o comércio de escravos e a Inquisição são três exemplos magnos de processos e genealogias históricas que contribuíram de modo eficaz para dar conteúdo ao que o racismo deu nome.[8] Do mesmo modo que remete para antigas e distintas configurações históricas, o racismo não é um problema marginal nas sociedades contemporâneas. O racismo não é, de modo algum, um assunto arrumado.

*

8 Francisco Bethencourt, *Racismos: Das Cruzadas ao Século XX* (Lisboa: Temas & Debates, 2015). Veja-se ainda a excelente entrevista conduzida por Isabel Salema ao autor e a recensão crítica feita por Diogo Ramada Curto, ambas publicadas no jornal *Público* de 27/06/2014. Para a "tomada de posse do mundo", veja-se Bouda Etemad, *Possessing the World: Taking the Measurement of Colonisation from the 18th to the 20th Century* (New York: Berghahn Books, 2007).

Este conjunto de reflexões, partindo de um número limitado de investigações sobre as manifestações históricas do fenómeno racista, foi suscitado pela leitura das excelentes reportagens feitas por Joana Gorjão Henriques, *Racismo em Português*, publicadas na *Revista 2* do jornal *Público*, que, com o indispensável apoio da Fundação Francisco Manuel dos Santos, mais uma vez contribui para debates prementes sobre a sociedade portuguesa e sobre sociedades com as quais esta manteve relações estreitas, por via de um jornalismo de investigação de qualidade. Assente em mais de uma centena de entrevistas e numa sóbria mas rigorosa investigação histórica, esta colecção de cinco textos sobre cinco geografias coloniais e pós-coloniais revela, a cada passo, muitos dos aspectos abordados acima. Trata-se, assim, de um trabalho que dialoga, e muito, com o que de mais interessante tem sido feito sobre a produção histórica das *álgebras da desigualdade* e sobre a centralidade que os racismos têm assumido nesse processo. De facto, como refere Katila Pinto de Andrade sobre Angola, a "pobreza tem cor".[9] A interdependência e o reforço mútuo de dinâmicas de diferenciação e exclusão política, económica e sociocultural é impressionante. A subalternidade é um grilhão difícil de desarmar. Tem múltiplos pesos, cuja utilidade política, social e económica foi explorada em condições muito diversas. E não desaparece por decreto.

Racismo em Português contribui para uma compreensão da diversidade histórica, geográfica e social das manifestações de "versatilidade estratégica" dos processos de racialização em contexto colonial — umas visíveis (as cordas que se saltavam de Bafatá para Bissau ou o "traço B" nos Bilhetes de Identidade) e outras mais dificilmente descortináveis (os silêncios e os não-ditos apontados

9 Na sequência de um relatório produzido em 2015, Rita Izsák, a relatora especial da ONU sobre Questões de Minorias, declarou exactamente o mesmo em relação ao Brasil.

por André Corsino Tolentino). Estas manifestações estendem-se também a dinâmicas de diferenciação e discriminação entre populações governadas, apenas parcialmente explicadas pelas estratégias de "dividir para reinar" e de cooptação instrumental do Estado-império. E fá-lo sem deixar de dar voz à heterogeneidade de usos e das reacções às inúmeras linhas divisórias; às zonas cinzentas; às ambivalências e contradições dos discursos e das práticas de distinção e de identidade social (dos mundos do *talvez* de Pepetela ao contemporâneo *afropolitanismo*, apontado por Joana Gorjão Henriques); às "relações improváveis"; às resistências múltiplas; e às operações de mistificação e desmistificação ideológica. Neste mosaico de interrogações e confidências, testemunhos e memórias, celebrações e lutos — exemplarmente recolhidos e articulados pela autora deste itinerário de auscultação dos passados no presente e dos presentes do passado —, percebemos melhor a plasticidade dos racismos e o alcance da racialização ideológica e institucional.

O livro ilustra ainda, com perspicácia, a persistência histórica de uma multiplicidade de gramáticas da diferença racial, que se encontram claramente associadas a políticas da memória e do esquecimento, como nota César Schofield Cardoso. As reverberações e os usos contemporâneos das "álgebras da desigualdade" (e dos processos de racialização conexos), bem como a invocação selectiva dos contextos socio-históricos específicos da sua produção e institucionalização, são diversos. Essas gramáticas e álgebras estão inscritas espacialmente: na estatuária, nas ruínas do império ou nos espaços e monumentos urbanos e rurais aos quais foram dados novos usos e sentidos.[10] Por exemplo, as roças

10 É o caso das estátuas de Amílcar Cabral e de Diogo Gomes, em Cabo Verde, ou da preservação da estátua de Mouzinho de Albuquerque na Fortaleza, na baixa de Maputo.

de São Tomé podem ser vistas como "uma espécie de metáfora do colonialismo português", como sugere Inocência Mata. As materialidades da diferenciação, da discriminação e da desigualdade, bem como as marcas físicas da dominação e da opressão, resistem e perduram, oferecendo possibilidades perpetuadas de apropriação e instrumentalização. Por outro lado, o jogo competitivo e conflitual das identidades sociais e culturais nas sociedades guineense, angolana, são-tomense, cabo-verdiana e moçambicana é fortemente marcado pelos efeitos sísmicos das políticas da diferença imperiais e coloniais (e respectiva instrumentalização), sendo sempre mais notórias em contextos de crise social, política e económica. Na verdade, estes períodos são sempre propícios à emergência de reavaliações, e de usos instrumentais, do passado. As lutas por identidades várias, as reinvenções de tradições e as imaginações da modernidade (ou a sua desvalorização em nome de uma "autenticidade" negada pelas culturas do colonizador) são processos claramente condicionados por ecos do passado. Isto sucede mesmo quando se procura "desracializar o conceito de moçambicanidade", como Joana Gorjão Henriques sublinha em relação ao testemunho de Tassiana Tomé. Sucede ainda quando se procura desvalorizar ou omitir os "traços da história", em nome de novos começos ou de amanhãs de unidade e harmonia, ou quando se promove uma retórica de inexistência de racismos nas sociedades pós-coloniais, semelhante à veiculada pela própria cultura colonial.

As gramáticas da diferença que o racismo nomeou têm múltiplas origens, usos e repercussões. Subsistem a bibliotecas de refutações que lhes retiram sentido e justificação. Resistem à razão legal que as procura domar. Enganam a razão política que as procura desvalorizar ou esconder. Trabalhos como este ajudam-nos a perceber como e porquê. Ajudam-nos, ainda, a perceber por que não devemos desistir de as denunciar, refutar e combater.

MIGUEL BANDEIRA JERÓNIMO
Centro de Estudos Sociais, Universidade de Coimbra

GUIA DE LEITURA

The Black Atlantic, de Paul Gilroy (Verso).

Caminhos Escolares de Jovens Africanos (PALOP) Que Acedem ao Ensino Superior, de Cristina Roldão,

Casa-Grande & Senzala, de Gilberto Freyre (Editora Record).

Adriana Albuquerque, Teresa Seabra e Sandra Mateus (Observatório das Migrações).

Crítica da Razão Negra, de Achille Mbembe (Antígona).

Discurso sobre o Colonialismo, de Aimé Césaire (Sá da Costa).

É Nosso o Solo Sagrada da Terra, de Alda do Espírito Santo (Ulmeiro).

Epistemologias do Sul, organização de Boaventura Sousa Santos e Maria Paula Meneses (Edições Almedina).

O Fazedor de Utopias: Uma Biografia de Amílcar Cabral, de António Tomás (Tinta-da-china).

A Herança Africana em Portugal – Séculos XV-XX, de Isabel Castro Henriques (CTT – Correios de Portugal).

História de Angola, de Douglas Wheeler e René Pélissier (Tinta-da--china).

História da Escravatura, de James Walvin (Tinta-da-china).

Histórias Coloniais, de Álvaro Mateus e Dalila Cabrita Mateus (A Esfera dos Livros).

Uma História de Regressos – Império, Guerra Colonial e Pós-Colonialismo, de Margarida Calafate Ribeiro (Edições Afrontamento).

"A institucionalização do silêncio: a escravatura nos manuais de história portugueses", *Revista (In)Visível*, Outubro de 2012, de Marta Araújo e Silvia Rodríguez Maeso.

Livros Brancos, Corpos e Almas Negras: A "Missão Civilizadora" do Colonialismo Português (c. 1870-1930), de Miguel Bandeira Jerónimo (Imprensa de Ciências Sociais).

O Massacre Português de Wiriamu, de Mustafah Dhada (Tinta-da-china)

O Mundo Que o Português Criou, de Gilberto Freyre (É Realizações).

Negritude no Mundo Afro-Português, de Leopoldo Amado (in *Tcholona*, n.º 4, 1995).

Em Nome do Povo, de Lara Pawson (Tinta-da-china).

Nós Matámos o Cão Tinhoso, de Luís Bernardo Honwana (Cotovia).

O Que É Racismo, de Jacqueline de Jesus, Paulo de Carvalho, Rosália

Diogo e Paulo Granjo (Escolar Editora).

Obras Escolhidas, Amílcar Cabral, Unidade e Luta, de Amílcar Cabral (Fundação Amílcar Cabral).

Passagens para África: O Povoamento de Angola e Moçambique com Naturais da Metrópole (1920-1974), de Cláudia Castelo (Edições Afrontamento).

Pedagogia do Oprimido, de Paulo Freire (Paz e Terra).

Pele Negra, Máscaras Brancas, de Frantz Fanon (Paisagem Editora).

"Portugal's Civilizing Mission in Guinea-Bissau: Rhetoric and reality, de Peter Mendy", *in International Journal of African Historical Studies*, vol. 36/n. 1.

Portugal e a Escravatura dos Africanos, de João Pedro Marques (Edição Instituto de Ciências Sociais).

Portugal não É Um País Pequeno, de Manuela Ribeiro Sanches (Edições Cotovia).

A Rainha Nzinga: História, memória e mito, de Inocência Mata (Colibri).

Racismos – Das Cruzadas ao Século XX, de Francisco Bethencourt (Temas & Debates).

The Slave Trade: The Story of the Atlantic Slave Trade: 1440-1870, de Hugh Thomas (Touchstone).

On Sociology and the Black Community, de W.E.B. Du Bois (The University of Chicago Press).

Um Mar da Cor da Terra. "Raça", Cultura e Política da Identidade, de Miguel Vale de Almeida (Celta).

Vidas, Lugares e Tempos, de Joaquim Chissano (Texto Editores).

AGRADECIMENTOS

Agradeço, em primeiro lugar, a todos os entrevistados, sem os quais teria sido impossível recolher o imenso material que dá origem a este livro e que permitiu contar as histórias do *Racismo em Português*.

Agradeço à Fundação Francisco Manuel dos Santos, que desde logo acreditou neste projecto e incentivou e apoiou a sua produção, e ao editor António Araújo, por defender a sua conversão em livro. À Bárbara Reis, por ter acreditado que era importante este trabalho ser feito pelo jornal *Público*. À jornalista inglesa Lara Pawson, que me desafiou a pensar que era possível concretizar um plano tão ambicioso. Ao Frederico Batista, que realizou os documentários a partir destas reportagens e foi o companheiro das incertezas no terreno. Às minhas editoras no *Público*, Paula Barreiros e Francisca Gorjão Henriques, que me ajudaram a tornar a leitura das reportagens mais interessantes. À Bárbara Bulhosa, pelo entusiasmo com que aceitou juntar-se a este projecto e publicar o livro, e à equipa da Tinta-da-china, com quem me senti em casa. Ao Luís Mah, que há muitos anos me estimulou a aprofundar estes temas. Às pessoas que ao longo da vida me fizeram perceber os graus de impacto do racismo em todas as suas formas. Ao Ricardo, por tanta coisa. Aos meus pais, que me ensinaram a tentar olhar o mundo com os olhos de quem não teve a sorte de nascer num lugar privilegiado como o nosso. E agradeço ainda a muitos que me ajudaram na produção deste trabalho, como Ana Lúcia Araújo, Ana Tica, António Tomás, Aoní d'Alva, Carla Fernandes, Cristina Roldão, Elisabete Azevedo, Filipa Larcher, Flávio Almada, Francisco Carmona, Isabel Castro Henriques, Iolanda Évora, Jakilson Pereira, Joana Vasconcelos, Joana Sá, Júlia Alhinho, Laura Amadori, Luz Gomes, Maíra Zenun, Mamadou Ba, Manuel Roberto, Margarida Marques, Paula Simons, Rafael Marques, Renísia Garcia, Ricardo Soares de Oliveira, Romualda Fernandes, Terezinha da Silva, Yussuf Adam, entre tantos outros que, perdoem, poderei ter-me esquecido de mencionar.

RACISMO EM PORTUGUÊS

foi composto em caracteres Hoefler Text
e impresso pela Geográfica, sobre
papel Pólen Bold de 90 g,
em junho de 2017.